맛있는 중국어 NEW
Level ⑤
워크북

JRC북스

맛있는 중국어 Level ❺ NEW
워크북

초 판 1쇄 발행	2015년 6월 30일
초 판 2쇄 발행	2016년 1월 25일

기획·저	JRC 중국어연구소
발행인	김효정
발행처	JRC 북스
등록번호	제300-2002-42호
편집	최정임 | 이소연 | 김소연
디자인	신은지 | 최여랑
제작	박선희
영업	김영한
홍보	이지연
웹마케팅	오준석 | 김희영

주소	JRC 북스 서울 강남구 테헤란로 109, 3층
전화	구입문의 02.567.3861, 02.567.3837 | 내용문의 02.567.3860
팩스	02.567.2471
홈페이지	www.booksJRC.com

ISBN	978-89-98444-60-0 14720
	978-89-98444-55-6 (세트)
정가	4,000원

이 도서의 국립중앙도서관 출판시도서목록(CIP)은 서지정보유통지원시스템 홈페이지(http://seoji.nl.go.kr)와
국가자료공동목록시스템(http://www.nl.go.kr/kolisnet)에서 이용하실 수 있습니다.(CIP제어번호: CIP2015007463)

『**맛있는** 중국어 Level **⑤** **워크북**』의 다양한 코너로 학습한 내용을 체계적으로 복습해 보세요.

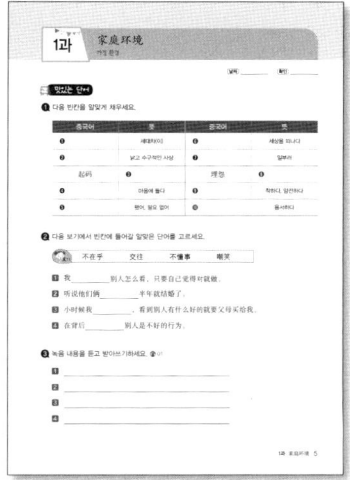

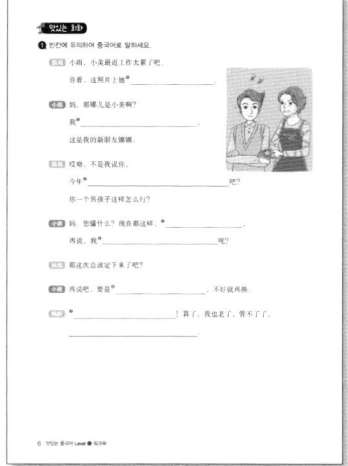

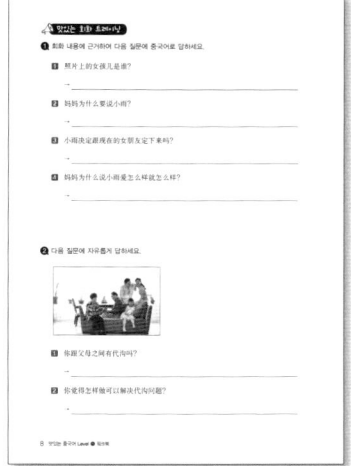

맛있는 단어

단어의 뜻과 중국어 쓰기, 빈칸에 들어갈 알맞은 단어 고르기, 받아쓰기 세 단계로 본문의 새 단어를 확실하게 익힌다.

맛있는 회화

빈칸에 유의하여 중국어로 말하기, 밑줄 친 한국어를 중국어로 바꾸어 말하기 등을 통해 〈맛있는 회화〉를 자연스럽게 암기한다.

맛있는 회화 트레이닝

회화 내용을 바탕으로 대답하기, 자신의 의견 말하기 등을 통해 스피킹 능력을 트레이닝한다.

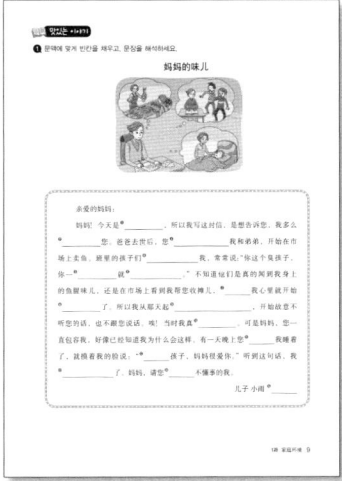

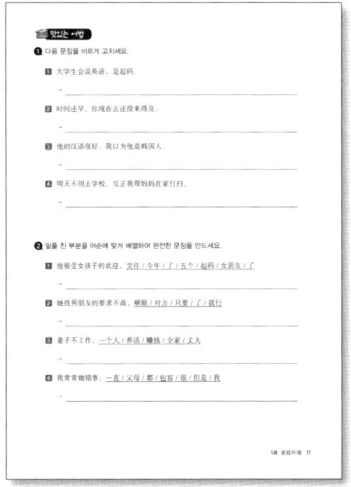

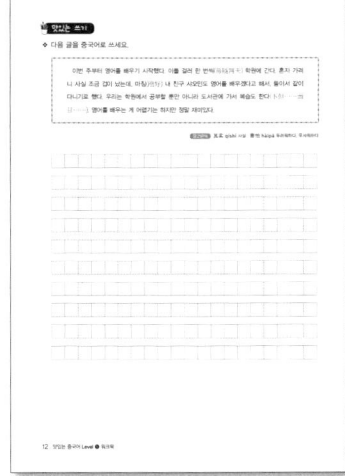

맛있는 이야기

빈칸 채우고 해석하기, 작문하기 등을 통해 중국어 독해 실력과 작문 실력을 향상시킨다.

맛있는 어법

틀린 문장 바르게 고치기, 어순에 맞게 단어 배열하기 등을 통해 어법 실력을 한층 업그레이드한다.

맛있는 쓰기

일기를 쓰면서 자신의 생각을 중국어로 자유롭게 표현할 수 있는 능력을 배양한다.

✚ 워크북의 듣기 **MP3 파일**은 **JRC북스 홈페이지**(www.booksJRC.com)에서 무료로 다운로드 할 수 있습니다.

차례

1과 家庭环境
가정 환경

날짜 _____   확인 _____

맛있는 단어

1 다음 빈칸을 알맞게 채우세요.

중국어	뜻	중국어	뜻
❶	세대차(이)	❻	세상을 떠나다
❷	낡고 수구적인 사상	❼	일부러
起码	❸	埋怨	❽
❹	마음에 들다	❾	착하다, 얌전하다
❺	됐어, 필요 없어	❿	용서하다

2 다음 보기에서 빈칸에 들어갈 알맞은 단어를 고르세요.

보기   不在乎   交往   不懂事   嘲笑

1 我_____别人怎么看，只要自己觉得对就做。

2 听说他们俩_____半年就结婚了。

3 小时候我_____，看到别人有什么好的就要父母买给我。

4 在背后_____别人是不好的行为。

3 녹음 내용을 듣고 받아쓰기하세요. 🎧 01

1 _____

2 _____

3 _____

4 _____

1 빈칸에 유의하여 중국어로 말하세요.

妈妈 小雨，小美最近工作太累了吧。

你看，这照片上她❶＿＿＿＿＿＿＿＿＿＿＿＿＿＿＿。

小雨 妈，那哪儿是小美啊?

我❷＿＿＿＿＿＿＿＿＿＿＿＿＿＿＿，

这是我的新朋友娜娜。

妈妈 哎呦，不是我说你，

今年❸＿＿＿＿＿＿＿＿＿＿＿＿＿＿＿＿吧?

你一个男孩子这样怎么行?

小雨 妈，您懂什么? 现在都这样，❹＿＿＿＿＿＿＿＿＿＿＿，

再说，我❺＿＿＿＿＿＿＿＿＿＿＿＿＿＿＿呢?

妈妈 那这次总该定下来了吧?

小雨 再说吧，要是❻＿＿＿＿＿＿＿＿＿＿＿＿，不好就再换。

妈妈 ❼＿＿＿＿＿＿＿＿＿＿＿＿＿＿! 算了，我也老了，管不了了，

＿＿＿＿＿＿＿＿＿＿＿＿＿＿＿＿＿。

② 밑줄 친 한국어를 중국어로 말하세요.

（妈妈） 小雨，小美最近工作太累了吧。

你看，❶<u>이 사진에 피골이 상접할 만큼 말랐잖니.</u>

（小雨） 妈，那哪儿是小美啊?

❷<u>제가 아직 엄마에게 알려드릴 시간이 없었네요,</u>

这是我的新朋友娜娜。

（妈妈） 哎呦，不是我说你，

❸<u>올해 너는 최소한 3명의 여자 친구를 바꿨지?</u>

你一个男孩子这样怎么行?

（小雨） 妈，您懂什么?

❹<u>지금은 모두 다 그래요, 엄마는 정말 사고방식이 낡았어요,</u>

再说，我才不在乎别人怎么看呢。

（妈妈） ❺<u>그럼 이번에는 아무튼 정했지?</u>

（小雨） 再说吧，❻<u>만약 마음에 들면 계속 사귀는 거고, 좋지 않으면 다시 바꾸는 거죠.</u>

（妈妈） 看来真是有代沟啊! 算了，我也老了，管不了了，

❼<u>네가 어찌하고 싶든 하고 싶은 대로 해라.</u>

① 회화 내용에 근거하여 다음 질문에 중국어로 답하세요.

1 照片上的女孩儿是谁?

→ _____

2 妈妈为什么要说小雨?

→ _____

3 小雨决定跟现在的女朋友定下来吗?

→ _____

4 妈妈为什么说小雨爱怎么样就怎么样?

→ _____

② 다음 질문에 자유롭게 답하세요.

1 你跟父母之间有代沟吗?

→ _____

2 你觉得怎样做可以解决代沟问题?

→ _____

1 문맥에 맞게 빈칸을 채우고, 문장을 해석하세요.

妈妈的味儿

亲爱的妈妈：

妈妈！今天是❶_____，所以我写这封信，是想告诉您，我多么

❷_____您。爸爸去世后，您❸_____我和弟弟，开始在市

场上卖鱼。班里的孩子们❹_____我，常常说："你这个臭孩子，

你一❺_____就❻_____。"不知道他们是真的闻到我身上

的鱼腥味儿，还是在市场上看到我帮您收摊儿，❼_____我心里就开始

❽_____了。所以我从那天起❾_____，开始故意不

听您的话，也不跟您说话。唉！当时我真❿_____。可是妈妈，您一

直包容我，好像已经知道我为什么会这样。有一天晚上您⓫_____我睡着

了，就摸着我的脸说："⓬_____孩子，妈妈很爱你。"听到这句话，我

⓭_____了。妈妈，请您⓮_____不懂事的我。

儿子 小雨 ⓯_____

❷ 다음 문장을 중국어로 쓰세요.

1 엄마는 저와 남동생을 먹여 살리기 위해 시장에서 생선을 팔기 시작하셨지요. (养活)

_____

2 어쨌든 저는 마음속으로 엄마를 원망하기 시작했어요. (埋怨)

_____

3 그래서 저는 그날부터 다시는 시장에 가지 않았죠. 일부러 엄마 말씀도 안 듣기 시작하고, 또 엄마와 말도 안 하고 말이죠. (从……起)

_____

_____

4 아! 그때 제가 정말 철이 없었어요. (懂事)

_____

5 어느 날 저녁, 엄마는 제가 잠든 줄 아시고 저의 얼굴을 쓰다듬으며 "착한 아가, 엄마는 너를 사랑한단다"라고 말씀하셨지요. (以为)

_____

_____

6 그 말을 듣고, 저는 울음을 참지 못했어요. (忍不住)

_____

7 엄마, 부디 철없는 저를 용서해 주세요. (原谅)

_____

🎓 **맛있는 어법**

❶ 다음 문장을 바르게 고치세요.

1 大学生会说英语，是起码。

→ _____

2 时间还早，你现在去还没来得及。

→ _____

3 他的汉语很好，我以为他是韩国人。

→ _____

4 明天不用去学校，反正我帮妈妈在家打扫。

→ _____

❷ 밑줄 친 부분을 어순에 맞게 배열하여 완전한 문장을 만드세요.

1 他很受女孩子的欢迎，<u>交往 / 今年 / 了 / 五个 / 起码 / 女朋友 / 了</u>

→ _____

2 她找男朋友的要求不高，<u>顺眼 / 对方 / 只要 / 了 / 就行</u>

→ _____

3 妻子不工作，<u>一个人 / 养活 / 赚钱 / 全家 / 丈夫</u>

→ _____

4 我常常做错事，<u>一直 / 父母 / 都 / 包容 / 很 / 但是 / 我</u>

→ _____

❖ 다음 글을 중국어로 쓰세요.

이번 주부터 영어를 배우기 시작했다. 이틀 걸러 한 번씩(每隔两天) 학원에 간다. 혼자 가려니 사실 조금 겁이 났는데, 마침(刚好) 내 친구 샤오민도 영어를 배우겠다고 해서, 둘이서 같이 다니기로 했다. 우리는 학원에서 공부할 뿐만 아니라 도서관에 가서 복습도 한다(不但……而且……). 영어를 배우는 게 어렵기는 하지만 정말 재미있다.

참고단어 其实 qíshí 사실 | 害怕 hàipà 두려워하다, 무서워하다

中国人的文化习惯
중국인의 문화 습관

날짜 _____ 확인 _____

맛있는 단어

1 다음 빈칸을 알맞게 채우세요.

중국어	뜻	중국어	뜻
❶	안색	❻	절대로
❷	겨우, 간신히	❼	특별히, 각별히
便饭	❸	仍然	❽
❹	(정도가) 심하다	❾	~할 필요가 없다
❺	술을 권하다	❿	이해하다

2 다음 보기에서 빈칸에 들어갈 알맞은 단어를 고르세요.

보기 根本   不敢   仔细   效率

1 他工作非常_____，常得到上司的表扬。

2 我_____没想到他会来参加聚会。

3 听说这儿晚上不安全，她_____一个人出门。

4 只有分工合作，才能提高工作_____。

3 녹음 내용을 듣고 받아쓰기하세요. 🎧 02

1 _____

2 _____

3 _____

4 _____

맛있는 회화

1 빈칸에 유의하여 중국어로 말하세요.

阿美 小民，你的脸色❶_____？

小民 昨天晚上喝醉了，❷_____，

现在头疼得不得了。

阿美 你昨晚不是跟中国客户开会了吗？

小民 是啊，开完会，

❸_____。

结果我们六个人点了二十个菜，桌子都摆满了。

阿美 中国人就是这样，说是"吃顿便饭"，但是会点很多菜。

这下你❹_____。

小民 我根本没吃几口，❺_____。

我不喝，他们就不高兴，我只好❻_____。

阿美 哈哈，在中国人的酒桌上，能喝也得喝，❼_____。

小民 是呀，下次我再也❽_____了。

❷ 밑줄 친 한국어를 중국어로 말하세요.

阿美　小民，❶너 안색이 왜 이렇게 안 좋니?

小民　❷어제저녁에 술에 취해서 겨우 깨어났는데,

현재头疼得不得了。

阿美　❸너 어제저녁에 중국 거래처랑 회의한 거 아니었어?

小民　是啊，开完会，❹그들이 나에게 간단한 식사를 대접하겠다고 하더라고.

结果我们六个人点了二十个菜，桌子都摆满了。

阿美　中国人就是这样，说是"吃顿便饭"，但是会点很多菜。

❺이번에 너 정말 먹을 복이 넘쳤겠구나.

小民　我根本没吃几口，他们不停地敬酒。

❻내가 안 마시면 기분 나빠할까 봐, 억지로 마시는 수밖에 없었어.

阿美　哈哈，在中国人的酒桌上，能喝也得喝，不能喝也得喝。

小民　是呀，❼다음 번엔 다시는 중국인과 술을 못 마실 것 같아.

1 회화 내용에 근거하여 다음 질문에 중국어로 답하세요.

1 小民的脸色为什么这么难看?

→ _____

2 开完会，小民跟中国客户干什么了?

→ _____

3 小民为什么没吃几口?

→ _____

4 下次小民为什么不敢跟中国人喝酒了?

→ _____

2 다음 질문에 자유롭게 답하세요.

1 你的酒量怎么样?

→ _____

2 你对喝酒时敬酒怎么看?

→ _____

❶ 문맥에 맞게 빈칸을 채우고, 문장을 해석하세요.

慢慢儿地

在中国你常常会听见"❶_____"这个词。吃饭的时候主人会一直说"慢慢儿吃慢慢儿吃",送客的时候主人❷_____说"快走",一定会跟你说"❸_____",因为跟客人说"快点儿快点儿"是❹_____的,客人会觉得主人❺_____。

在❻_____中,中国人也总是"慢慢儿地"。吃饭的时候,中国人❼_____"细嚼慢咽"。❽_____的时候,中国人会说"慢慢儿会好的",要做的事情❾_____的时候,中国人仍然❿_____,他们会说"慢慢儿做","⓫_____"。他们认为这样会做得⓬_____,更好。

何必那么快呢?除非是⓭_____,否则中国人是不会着急的。但是在⓮_____的现代社会里,这种态度是韩国人非常⓯_____。

❷ 다음 문장을 중국어로 쓰세요.

1 당신은 중국에서 종종 '천천히'라는 말을 듣게 될 것입니다. (常常)

_____

2 손님을 배웅할 때에는 주인이 절대 "빨리 가세요"라고 말하지 않고,
반드시 당신에게 "천천히 가세요"라고 말할 것입니다. (绝对)

_____

_____

3 밥을 먹을 때 중국인은 특히 '꼭꼭 잘 씹어 삼키는 것'을 중시합니다. (讲究)

_____

4 상황이 좋지 않을 경우에는 중국인은 "차차 나아질 거야"라고 말합니다. (糟糕)

_____

5 그들은 이렇게 해야 일을 더욱 자세하게 잘할 수 있다고 여깁니다. (仔细)

_____

6 아주 다급한 일이 아니고서는 중국인은 서두르지 않을 것입니다. (除非……否则……)

_____

7 그러나 효율을 중요시하는 현대 사회에서 이런 태도는 한국인은 매우 이해하기 어렵습니다. (效率)

_____

_____

1 다음 문장을 바르게 고치세요.

1 教了他三遍，他终于明白起来了。

→ _____

2 下班时间公共汽车里挤完了人。

→ _____

3 他以前喜欢看书，现在总是喜欢看书。

→ _____

4 他只是个孩子，你生气何必呢?

→ _____

2 밑줄 친 부분을 어순에 맞게 배열하여 완전한 문장을 만드세요.

1 这次面试非常重要，这几天 / 认真 / 他 / 格外 / 得 / 准备

→ _____

2 请相信我，关系 / 跟 / 绝对 / 这件事 / 我 / 没有

→ _____

3 他一见到老师，得 / 紧张 / 就 / 不得了

→ _____

4 最近我手头紧，朋友 / 只好 / 借 / 硬着头皮 / 向 / 钱

→ _____

맛있는 쓰기

❖ 다음 글을 중국어로 쓰세요.

> 휴대 전화가 울렸다(响). 친구가 문자 메시지를 보내, "이번 주말에 시간 있니? 같이 영화 보지 않을래?"라고 물었다(问). 나는 중국에서 한 번도 영화관에 가 본 적이 없어서, 당연히 동의했다(答应). 기분이 매우 흥분되고 호기심도 생겼다. 주말이 빨리 왔으면 좋겠다.

참고단어 好奇心 hàoqíxīn 호기심 | 产生 chǎnshēng 생기다

健康生活
건강 생활

날짜 _____   확인 _____

맛있는 단어

1 다음 빈칸을 알맞게 채우세요.

중국어	뜻	중국어	뜻
❶	스트레스	❻	꿈, 간절히 바라다
❷	잠을 이루지 못하다	❼	~을 막론하고
严重	❸	坚持	❽
❹	성인, 어른	❾	잡지
❺	뜻밖이다	❿	설사하다

2 다음 보기에서 빈칸에 들어갈 알맞은 단어를 고르세요.

보기   到处   早出晚归   拥有   受不了

1 他_____这个公司百分之五十的股份。

2 爸爸工作的医院离家很远，每天都_____的。

3 她说话实在太唠叨，真让人_____。

4 免税店里_____都是外国游客。

3 녹음 내용을 듣고 받아쓰기하세요. 🎧 03

1 _____

2 _____

3 _____

4 _____

1 빈칸에 유의하여 중국어로 말하세요.

小英 今天小李怎么没来上班？

小林 哦，❶＿＿＿＿＿＿＿＿＿＿＿看心理医生了。

小英 她儿子才几岁，就要看心理医生？

小林 刚上高中，

听说❷＿＿＿＿＿＿＿＿＿＿＿＿＿＿，

吃不好，睡不好，而且不想学习。

小英 ❸＿＿＿＿＿＿＿＿＿＿＿＿？

那医生怎么说？

小林 医生说，要是不进行治疗，

❹＿＿＿＿＿＿＿＿＿＿＿。

小英 我以为❺＿＿＿＿＿＿＿＿＿才会有压力，

没想到❻＿＿＿＿＿＿＿＿＿＿＿也不小。

小林 是呀，现在的孩子跟我们❼＿＿＿＿＿＿＿＿＿＿，

每天早出晚归的，❽＿＿＿＿＿＿＿＿＿＿＿。

❷ 밑줄 친 한국어를 중국어로 말하세요.

小英 今天小李怎么没来上班?

小林 哦, **❶**또 아이를 데리고 정신과 의사한테 진찰 받으러 갔나 봐.

小英 **❷**아들이 겨우 몇 살이라고 정신과 의사한테 진찰을 받아?

小林 刚上高中, **❸**들자니 그 아이는 요즘 계속 불면증이래.
吃不好, 睡不好, 而且不想学习。

小英 情况这么严重啊? 那医生怎么说?

小林 医生说, **❹**만약에 치료하지 않으면 점점 더 심각해질 거래.

小英 **❺**나는 성인만 스트레스를 받는 줄 알았는데,
没想到孩子们的学习压力也不小。

小林 是呀, **❻**요즘 아이들은 우리 어렸을 때하고는 정말 달라.
每天早出晚归的, **❼**출근하는 우리들보다 더 바쁜 걸.

1 회화 내용에 근거하여 다음 질문에 중국어로 답하세요.

1 今天小李为什么没来上班?

→ _____

2 小李的孩子怎么了?

→ _____

3 医生觉得小李的孩子情况严重吗?

→ _____

4 现在的孩子跟小林小时候有什么不一样?

→ _____

2 다음 질문에 자유롭게 답하세요.

1 你上高中的时候学习压力大吗?

→ _____

2 你是怎么缓解压力的?

→ _____

1 문맥에 맞게 빈칸을 채우고, 문장을 해석하세요.

减肥

　　　　我今年二十二岁，梦想着❶＿＿＿＿＿＿模特儿那样的身材。所以不管

是❷＿＿＿＿＿＿＿＿还是❸＿＿＿＿＿＿减肥方法，我都❹＿＿＿＿＿＿。

　　　　先是❺＿＿＿＿＿＿，就是一天不吃饭只吃水果的方法。吃了几天，

实在是❻＿＿＿＿＿＿。后来我又试过跑步这样的❼＿＿＿＿＿＿＿方

法，每天运动太累了，也❽＿＿＿＿＿＿＿多长时间。听朋友说吃减肥药

❾＿＿＿＿＿＿＿，中药、西药也都试过了。结果都是拉了几天肚子以后，

弄得❿＿＿＿＿＿＿，⓫＿＿＿＿＿＿＿，所以只能又试别的方法。

　　　　这样⓬＿＿＿＿＿＿＿，不但⓭＿＿＿＿＿＿＿，还得了胃病。为了减

肥，我现在⓮＿＿＿＿＿＿吸脂手术了。真希望⓯＿＿＿＿＿＿的时代

快点儿到来。

❷ 다음 문장을 중국어로 쓰세요.

1 나는 모델과 같은 몸매를 가질 수 있기를 꿈꾸고 있습니다. (拥有)

_____

2 그래서 텔레비전에 나오든 잡지에 나오든, 다이어트 방법은 모두 시도해 봤습니다. (不管)

_____

_____

3 며칠 먹어 보니 정말 견딜 수 없었습니다. (受不了)

_____

4 매일 운동하는 건 너무 힘들어서 얼마 버티지 못했습니다. (坚持)

_____

5 결과는 며칠 동안 설사해 사람이 사람 같지도 않은 몰골이 되었습니다. (弄得)

_____

6 이렇게 계속 살을 빼다 보니 별로 살도 빠지지 않고 위장병만 얻었습니다. (……来……去)

_____

7 뚱뚱한 것을 아름다운 것으로 여기는 시대가 빨리 오기를 정말 바랍니다. (以……为……)

_____

🏠 맛있는 어법

❶ 다음 문장을 바르게 고치세요.

1 只要坚持到底，才能胜利。

→ _____

2 谁弄得窗户坏了？

→ _____

3 不光是刮风还是下雨，大家也要来。

→ _____

4 她这种态度，你怎么受不？

→ _____

❷ 밑줄 친 부분을 어순에 맞게 배열하여 완전한 문장을 만드세요.

1 真让人吃惊，这么 / 没想到 / 他 / 进步 / 快 / 得

→ _____

2 这个小区都是有钱人，着 / 都 / 进口车 / 到处 / 停

→ _____

3 我还记得小时候，成为 / 我的 / 一名 / 歌手 / 梦想 / 是

→ _____

4 别人都到了，他 / 还 / 来 / 就差 / 一个人 / 没

→ _____

❖ 다음 글을 중국어로 쓰세요.

> 나는 친구들에게 주말에 등산을 가자고 부추길(鼓动) 계획이다. 사실(其实) 주말이면 나도 쉬고 싶지, 외출하기(出门)는 싫다. 그러나 듣자 하니 등산을 하면 신체 단련도 되고 미용에도 도움이 된다고 한다. 나도 한번 시도해 보고 싶다. 그런데 혼자(一个人) 가기는 싫어서 친구를 찾아 같이 가고 싶다.

참고단어 锻炼身体 duànliàn shēntǐ 신체 단련 | 美容 měiróng 미용하다

4과　结婚生活

결혼 생활

날짜 _____　확인 _____

맛있는 단어

❶ 다음 빈칸을 알맞게 채우세요.

중국어	뜻	중국어	뜻
❶	풍성한 요리	❻	파견하다
❷	요리 솜씨	❼	출장 가다
脚踏实地	❸	报警	❽
❹	부러워하다	❾	다행히
❺	둘러싸다	❿	비밀 금고

❷ 다음 보기에서 빈칸에 들어갈 알맞은 단어를 고르세요.

보기　露一手　　　浪漫　　　乱七八糟　　　算账

1 他们俩一起度过了一个_____的夜晚。

2 急什么？等我跟你慢慢儿_____。

3 很久没做菜了，今天我给大家_____。

4 桌子上怎么_____的，谁弄的？

❸ 녹음 내용을 듣고 받아쓰기하세요. 🎧 04

1 _____

2 _____

3 _____

4 _____

1 빈칸에 유의하여 중국어로 말하세요.

小民 今晚❶＿＿＿＿＿＿＿＿＿＿＿＿＿＿＿？

买这么多菜？

阿美 哦，今天我婆婆来我家吃晚饭，我得露一手，

❷＿＿＿＿＿＿＿＿＿＿＿＿＿＿＿。

小民 结婚前，你们多浪漫啊，

❸＿＿＿＿＿＿＿＿＿＿＿＿＿。

可是看看你现在的生活，

已经被❹＿＿＿＿＿＿＿＿＿＿＿了。

阿美 谈恋爱的时候都很浪漫的，可是❺＿＿＿＿＿＿＿＿＿＿＿。

结了婚，过日子就得脚踏实地。

小民 哎，婚姻❻＿＿＿＿＿＿＿＿＿＿＿＿＿。还是不结婚好。

阿美 我觉得❼＿＿＿＿＿＿＿＿＿＿＿＿＿。柴米油盐也有柴米油盐的幸福，

和心爱的人在一起生活是❽＿＿＿＿＿＿＿＿＿＿＿＿。

小民 哈哈，你现在真是个"贤妻良母"了。

❷ 밑줄 친 한국어를 중국어로 말하세요.

小民 ❶오늘 밤에 또 무슨 풍성한 식사를 하려고?

买这么多菜?

阿美 哦，今天我婆婆来我家吃晚饭，

❷실력을 발휘해서 나의 요리 솜씨를 보여 드려야 돼.

小民 结婚前，你们多浪漫啊，我们都特别羡慕你。

❸지금 생활을 보니 이미 소소한 생활용품에 둘러싸였네.

阿美 谈恋爱的时候都很浪漫的，可是浪漫不能当饭吃。

❹결혼하고 나면 생활하는 건 충실해야지.

小民 ❺아, 결혼은 정말 사랑의 무덤이야. 还是不结婚好。

阿美 我觉得婚姻是爱情的结晶。柴米油盐也有柴米油盐的幸福，

和心爱的人❻함께 생활하는 것은 세상에서 가장 행복한 일이야.

小民 哈哈，❼너 이제 정말 현모양처구나.

❶ 회화 내용에 근거하여 다음 질문에 중국어로 답하세요.

1 阿美今天为什么买这么多菜?

→ _____

2 阿美结婚以后的生活怎么样?

→ _____

3 小民觉得婚姻是什么?

→ _____

4 阿美觉得世界上最幸福的事是什么?

→ _____

❷ 다음 질문에 자유롭게 답하세요.

1 你觉得婚姻是爱情的坟墓还是结晶?

→ _____

2 什么样的女人是贤妻良母?

→ _____

1 문맥에 맞게 빈칸을 채우고, 문장을 해석하세요.

应该感谢小偷

公司派我去❶_____。刚到酒店，我就接到了老婆的电话："老公，❷_____。今天我们家被❸_____。"我跳了起来，问："❹_____了吗？你报警了没有？"老婆说："家里❺_____的，❻_____的一千块钱没了，警察下午来看过了。❼_____，幸亏那个小偷已经被❽_____，所以我们丢的东西都能找回来。"

我松了❾_____，对老婆说："快去看看我们的结婚照，后面有一个信封。"老婆放下电话，去看了看，然后❿_____说："我看了，什么也没有。"这下⓫_____："不可能！出差前我还看过。一共四千块钱，是去年公司⓬_____。你一定要把那些钱跟警察⓭_____。"老婆突然笑着说："好的。不过我应该感谢那个小偷，发现了你的⓮_____，回来后我再⓯_____。"

❷ 다음 문장을 중국어로 쓰세요.

1 회사에서 나를 상하이에 출장 보냈습니다. (派)

_____

2 여보, 큰일났어. 오늘 우리 집을 도둑맞았어. (偷)

_____

3 집안이 엉망이 되었고, 옷장 안의 1000위안도 없어졌어. (乱七八糟)

_____

4 경찰 얘기로는 다행히도 그 도둑은 이미 붙잡혔대. (幸亏)

_____

5 빨리 가서 우리 결혼 사진 좀 봐. 뒤에 봉투가 있어. (信封)

_____

6 당신은 반드시 그 돈들을 경찰에게 분명히 말해야 해. (清楚)

_____

7 근데 난 도둑한테 감사해야겠어, 당신의 비밀 금고를 발견했다고. (发现)

_____

1 다음 문장을 바르게 고치세요.

1 幸好手机不被人偷走。

　→ _____

2 据看，这里原来是个很有名的地方。

　→ _____

3 你一定要把作业两点写完。

　→ _____

4 幸亏你帮我，我不知道该怎么办。

　→ _____

2 밑줄 친 부분을 어순에 맞게 배열하여 완전한 문장을 만드세요.

1 他们的婚后生活，一样 / 谈恋爱 / 还 / 浪漫 / 跟 / 时

　→ _____

2 难得聚在一起，大家 / 厨艺 / 你的 / 给 / 吧 / 露一手

　→ _____

3 他升职了，海外 / 被 / 工作 / 派到 / 两年 / 而且

　→ _____

4 别着急，事情 / 你 / 跟我 / 一下 / 把 / 说

　→ _____

❖ 다음 글을 중국어로 쓰세요.

> 오늘은 어머니 생신이다. 우리 가족들 모두 같이 저녁 식사를 하기로 했다. 어머니는 책 읽는 것을 좋아하신다. 그래서 나는 책 한 권을 사서, 그것을 잘 포장한(包) 다음, 책가방 안에 넣었다(裝). 그러고 나서 지하철역으로 달려갔다(跑去). 어머니께서 이 책을 좋아하셨으면 좋겠다.

참고단어 说好 shuōhǎo ~하기로 했다

5과　虚拟世界

사이버 세계

맛있는 단어

① 다음 빈칸을 알맞게 채우세요.

중국어	뜻	중국어	뜻
❶	인터넷 친구	**❻**	웹 사이트
❷	실망하다	**❼**	신청하다
风度	**❸**	浏览	**❽**
❹	유머러스하다	**❾**	다운로드 하다
❺	상상(하다)	**❿**	모든

② 다음 보기에서 빈칸에 들어갈 알맞은 단어를 고르세요.

보기 :　善解人意　　　借口　　　滋味儿　　　装饰

1 房间的＿＿＿＿＿＿干净、简洁，我非常满意。

2 真拿你没办法！每次迟到都有＿＿＿＿＿＿。

3 失恋的人应该都尝过痛苦的＿＿＿＿＿＿。

4 她特别＿＿＿＿＿＿，朋友们都喜欢找她说心里话。

③ 녹음 내용을 듣고 받아쓰기하세요. 🎧 05

1 ＿＿＿＿＿＿＿＿＿＿＿＿＿＿＿＿＿＿＿＿＿

2 ＿＿＿＿＿＿＿＿＿＿＿＿＿＿＿＿＿＿＿＿＿

3 ＿＿＿＿＿＿＿＿＿＿＿＿＿＿＿＿＿＿＿＿＿

4 ＿＿＿＿＿＿＿＿＿＿＿＿＿＿＿＿＿＿＿＿＿

1 빈칸에 유의하여 중국어로 말하세요.

小林 昨天你去哪儿了？

娜娜 昨天我去见网友了，

可没想到是只"青蛙"，

他❶＿＿＿＿＿＿＿＿＿＿＿＿了。

小林 网友？

就是❷＿＿＿＿＿＿＿＿＿＿＿"白马王子"？

娜娜 是啊，就是他。他的网名叫白马王子，

我是❸＿＿＿＿＿＿＿＿＿＿＿的。

看这个名字我觉得他一定又帅又有风度，❹＿＿＿＿＿＿＿＿＿＿＿＿＿。

小林 你们聊了多久了？

娜娜 半年多了。聊天的时候他❺＿＿＿＿＿＿＿＿＿＿＿＿＿＿，

可是昨天见面时，我太吃惊了，❻＿＿＿＿＿＿＿＿＿＿＿。

最后我只好❼＿＿＿＿＿＿＿＿＿＿＿了。

小林 想象❽＿＿＿＿＿＿＿＿＿＿＿＿。

网恋就是"见光死"，你就想开点吧。

② 밑줄 친 한국어를 중국어로 말하세요.

小林 昨天你去哪儿了?

娜娜 **❶**어제 채팅 친구를 만나러 갔는데, 개구리인 줄 생각도 못했어.

他长得让人失望极了。

小林 网友?

❷네가 자주 얘기하던 백마 탄 왕자 말이야?

娜娜 是啊, 就是他。

他的网名叫白马王子, 我是在QQ上认识他的。

❸이 이름을 보고 난 그가 분명히 잘생기고 풍채도 있을 거라 생각해서 채팅하기 시작했지.

小林 **❹**너희들 채팅을 얼마나 했는데?

娜娜 半年多了。**❺**채팅할 때 그 사람은 유머도 있고 사람 마음도 잘 알아줬는데,

可是昨天见面时, 我太吃惊了, 他一句话也不说。

❻결국 나는 할 수 없이 핑계를 대고 먼저 갔지.

小林 想象总是比现实好得多。

❼인터넷 연애는 만나면 끝이야, 너 단념해라.

1 회화 내용에 근거하여 다음 질문에 중국어로 답하세요.

1 娜娜昨天去干什么了?

→ _____

2 娜娜为什么跟"白马王子"聊天?

→ _____

3 见面时娜娜为什么很吃惊?

→ _____

4 最后娜娜怎么办?

→ _____

2 다음 질문에 자유롭게 답하세요.

1 你经常上网聊天吗?

→ _____

2 你觉得网恋可能实现吗?

→ _____

❶ 문맥에 맞게 빈칸을 채우고, 문장을 해석하세요.

我的好朋友—电脑

　　现在电脑是我生活中❶＿＿＿＿＿＿＿的一个"好朋友"，我一天
❷＿＿＿＿＿＿花十几个小时跟它呆在一起。没有它这个好朋友我还真
❸＿＿＿＿＿＿。但是昨天我就❹＿＿＿＿＿没有这个朋友的滋味儿。

　　因为最近网上❺＿＿＿＿＿博客，我也❻＿＿＿＿＿一个自己的博
客，所以花了很长时间在网上浏览，最后我找到了"网易"。首先我在这个网
站上❼＿＿＿＿＿用户名，进入博客网页，然后❽＿＿＿＿＿＿设定各个
项目。这样我就❾＿＿＿＿＿一个自己的博客。为了装饰博客，我又想在
网上❿＿＿＿＿＿好看的图片，就在我下载一张图片的时候，突然鼠标
⓫＿＿＿＿＿了。哎呀！糟糕，完了，⓬＿＿＿＿＿。所有的资料都要
⓭＿＿＿＿＿。我想尽⓮＿＿＿＿＿，最后还是⓯＿＿＿＿＿。唉！
没有它我该怎么办啊？

❷ 다음 문장을 중국어로 쓰세요.

1 나는 하루에 최소 열 몇 시간을 그것과 함께 보냅니다. (至少)

_____

2 그러나 어제 나는 이 친구가 없을 때의 기분을 맛봤습니다. (尝)

_____

3 많은 시간을 들여 인터넷에서 웹 서핑을 했고, 결국 나는 '왕이넷'을 찾았습니다. (浏览)

_____

_____

4 이렇게 해서 나는 나의 블로그를 가지게 되었습니다. (拥有)

_____

5 내가 사진을 한 장 다운 받을 때, 갑자기 마우스가 움직이지 않았습니다. (下载)

_____

6 모든 자료가 전부 물거품이 될 거예요. (泡汤)

_____

7 나는 여러 방법을 다 생각해 봤지만, 결국 살릴 수 없었습니다. (救活)

_____

맛있는 어법

❶ 다음 문장을 바르게 고치세요.

1 今年的价格比去年贵很多了。

→ _____

2 这个工程一定要按照期完成。

→ _____

3 家里一切的家具都是他亲手做的。

→ _____

4 我赚钱为了努力工作。

→ _____

❷ 밑줄 친 부분을 어순에 맞게 배열하여 완전한 문장을 만드세요.

1 这次面试他通过了，让 / 总算 / 父母 / 没 / 失望

→ _____

2 谁都会有失败的时候，没事 / 就 / 一点儿 / 了 / 想开

→ _____

3 他迷上了电脑游戏，五个小时 / 每天 / 游戏 / 至少 / 玩 / 的

→ _____

4 为了救水里的孩子，力气 / 他 / 所有 / 用尽 / 了 / 的

→ _____

맛있는 쓰기

❖ 다음 글을 중국어로 쓰세요.

나는 햄버거(汉堡包) 먹는 것을 매우 좋아해서, 일주일에 적어도 다섯 번은 햄버거를 먹는다. 햄버거를 먹으면 시간도 줄일 수 있고, 게다가 설거지(洗碗)를 할 필요도 없다. 지금 나는 햄버거와 떨어질 수가 없다(离不开). 햄버거 냄새를 맡기만 하면 바로 침이 흐른다.

참고단어 省 shěng 줄이다 | 闻 wén 냄새를 맡다 | 流口水 liú kǒushuǐ 침이 흐르다

6과

海外生活
해외 생활

날짜 _____   확인 _____

🖼 **맛있는 단어**

1 다음 빈칸을 알맞게 채우세요.

중국어	뜻	중국어	뜻
❶	(답답해서) 혼자 술을 마시다	❻	차이
❷	사이	❼	거의
解闷儿	❸	体验	❽
❹	모이다	❾	마지못해 ~하다
❺	모자라다	❿	어쩐지

2 다음 보기에서 빈칸에 들어갈 알맞은 단어를 고르세요.

보기   要么   至于   设立   表情

1 我们公司在海外_____了多个办事处。

2 今天不想做饭，_____出去吃，_____叫外卖。

3 他脸上总是没什么_____的，不知道他在想什么。

4 我只在乎自己怎么做，_____别人怎么想没关系。

3 녹음 내용을 듣고 받아쓰기하세요. 🎧 06

1 _____

2 _____

3 _____

4 _____

1 빈칸에 유의하여 중국어로 말하세요.

娜娜 今天是中秋节,

你怎么❶_____啊?

小民 ❷_____, 喝酒解闷儿。

娜娜 怎么了?

又和❸_____吵架了?

小民 是啊, 她说要么我回国,

❹_____,

我再怎么说, 她也不听。

娜娜 男女之间的感情问题不是❺_____的,

你想开点儿吧。对了, 你给家里打电话了吗?

小民 打了。妈妈说家里人都聚在一起, ❻_____,

我听了, 心里更难受。

娜娜 "❼_____"嘛, 你不要一个人呆着, 到我家去过节吧。

小民 这样也好, 至于女朋友的问题, ❽_____吧。

❷ 밑줄 친 한국어를 중국어로 말하세요.

娜娜 今天是中秋节，

❶년 왜 혼자 술 마시는 거야?

小民 ❷마음이 심란해서, 술 마시고 기분 전환을 하려고.

娜娜 怎么了? 又和在韩国的女朋友吵架了?

小民 是啊, ❸그녀는 내가 귀국하든지, 우리가 헤어지든지 하자고 하네.

我再怎么说, 她也不听。

娜娜 ❹남녀 사이의 감정 문제는 하루 이틀에 해결되는 것이 아니야.

你想开点儿吧。对了, 你给家里打电话了吗?

小民 打了。妈妈说家里人都聚在一起,

❺나 혼자만 빠졌다는 엄마의 말을 들으니까, 마음이 더 괴로워.

娜娜 "每逢佳节倍思亲"嘛,

❻너 혼자 있지 말고, 우리 집에 가서 추석을 보내자.

小民 这样也好, ❼여자 친구 문제에 관해서는 추석을 지내고 다시 얘기하자.

1 회화 내용에 근거하여 다음 질문에 중국어로 답하세요.

1 今天是什么日子?

→ _____

2 小民为什么一个人喝闷酒?

→ _____

3 小民为什么跟女朋友吵架了?

→ _____

4 小民去哪儿过中秋节?

→ _____

2 다음 질문에 자유롭게 답하세요.

1 你用什么方法解闷儿?

→ _____

2 你觉得海外生活最难的事儿是什么?

→ _____

❶ 문맥에 맞게 빈칸을 채우고, 문장을 해석하세요.

文化差异

　　我是一个❶_____的职员，我们公司在全世界五十多个国家

❷_____分公司。每年十月份我们公司都有❸_____，几乎数

百名的职员❹_____别的国家，在那里体验不同的文化。

　　就❺_____说，前几年我❻_____的时候，我们公司把我派

到印度新德里。到了新德里机场，有一个❼_____来接我。因为我

是个❽_____，我就伸出我的左手，想❾_____。可是谁知道

他脸色❿_____，很⓫_____跟我握了握手。

　　过了几天，他请我到他家吃饭的时候，看到我用左手吃饭，他们全家

人都像⓬_____似的。后来我才知道印度人除了⓭_____

以外，是绝对⓮_____的。怪不得他们表情⓯_____！

❷ 다음 문장을 중국어로 쓰세요.

1 우리 회사는 전 세계 50여 개국에 지사를 설립했습니다. (设立)

_____

2 매년 10월 우리 회사에는 인사 이동이 있습니다. (人事调动)

_____

3 그곳에서 다른 문화를 체험합니다. (体验)

_____

4 뉴델리 공항에 도착하자 어떤 현지 직원 한 명이 나를 마중 나와 있었습니다. (当地)

_____

5 그러나 그의 얼굴색이 갑자기 변하면서 마지못해 나와 악수를 할 줄 누가 알았겠어요.
(勉强)

_____

6 그의 가족들 모두가 마치 외계인을 보는 듯했습니다. (似的)

_____

7 인도 사람들은 화장실에 가는 것을 제외하고는 절대 왼손을 사용하지 않습니다.
(除了……以外)

_____

1 다음 문장을 바르게 고치세요.

1 几乎我总是一个人在家。

→ _____

2 他性格很好，至于为了点小事跟你生气。

→ _____

3 我今天胃口不好，勉强吃了很多饭。

→ _____

4 原来这么冷，怪不得昨晚下雪了。

→ _____

2 밑줄 친 부분을 어순에 맞게 배열하여 완전한 문장을 만드세요.

1 这次会议非常重要，<u>谁 / 不行 / 缺 / 都 / 了</u>

→ _____

2 寂寞的时候，<u>音乐 / 可以 / 听听 / 解闷儿</u>

→ _____

3 我求了他好几次，<u>同意 / 才 / 一起 / 勉强 / 他 / 去</u>

→ _____

4 他喝醉了，<u>叫 / 怎么 / 不醒 / 怪不得 / 也 / 他</u>

→ _____

❖ 다음 글을 중국어로 쓰세요.

> 오늘은 샤오리(小李)의 생일이다. 우리는 그녀의 생일을 축하하기(庆祝) 위해 선물을 사고, 그녀를 끌고 중국 요리를 먹으러 갔다. 그런데 어찌된 일인지(不知怎么搞的) 샤오리는 울기(哭) 시작했고, 끊임없이(没完没了) 울었다. 우리는 모두 어떻게 해야 할지 몰랐다.

참고단어) 拉 lā 끌다

中国的节日
중국의 명절

맛있는 단어

1 다음 빈칸을 알맞게 채우세요.

중국어	뜻	중국어	뜻
❶	황금연휴	❻	~하기보다는, ~하느니
❷	태양빛을 비추다	❼	휴가 기간
人山人海	❸	目的地	❽
❹	예약하다	❾	비집다
❺	~을 틈타	❿	자리, 좌석

2 다음 보기에서 빈칸에 들어갈 알맞은 단어를 고르세요.

보기   提前   简直   可惜   凑热闹

1 今天的演出很棒，_____你没能一起来看。

2 这幅红叶画得真好，_____太美了!

3 飞机八点起飞，我们必须_____两个小时到机场。

4 他这个人就喜欢_____，到哪儿都少不了他。

3 녹음 내용을 듣고 받아쓰기하세요. 🔊 07

1 _____

2 _____

3 _____

4 _____

맛있는 회화

1 빈칸에 유의하여 중국어로 말하세요.

娜娜 脸❶＿＿＿＿＿＿＿＿＿＿，国庆节去哪儿玩了？

小雨 我们全家人一起去了韩国的济州岛。

娜娜 ❷＿＿＿＿＿＿＿＿＿＿＿＿，

价格一定很贵吧？

小雨 ❸＿＿＿＿＿＿＿＿＿，

而且还得提前一个月预约，

不过难得❹＿＿＿＿＿＿＿＿＿＿，我觉得值得。

娜娜 济州岛❺＿＿＿＿＿＿＿？

小雨 美极了。碧海蓝天，再加上汉拿山，简直❻＿＿＿＿＿＿＿＿＿。

我还❼＿＿＿＿＿＿＿＿＿＿＿学过的韩国语呢。

你呢？国庆节过得怎么样？

娜娜 我想，反正去哪儿❽＿＿＿＿＿＿＿＿，所以就在家里休息了。

❷ 밑줄 친 한국어를 중국어로 말하세요.

娜娜 ❶얼굴이 많이 탔구나.

国庆节去哪儿玩了?

小雨 ❷우리 전 가족이 함께 한국의 제주도에 갔었어.

娜娜 ❸국경절은 여행 성수기인데, 가격이 틀림없이 비싸지?

小雨 比平时贵一倍, 而且还得提前一个月预约,

❹하지만 모처럼 가족과 함께 놀러 가는데, 내 생각에는 그럴만한 가치가 있어.

娜娜 ❺제주도 경치는 아름답니?

小雨 美极了。

碧海蓝天, 再加上汉拿山, 简直像个"世外桃源"。

❻그리고 나는 이번 기회에 전에 배웠던 한국어를 연습했지.

你呢? 国庆节过得怎么样?

娜娜 我想, ❼여하튼 어딜 가든지 인산인해일 것 같아서 집에서 쉬었어.

 맛있는 회화 트레이닝

① 회화 내용에 근거하여 다음 질문에 중국어로 답하세요.

1 小雨的脸为什么晒黑了?

→ _____

2 旅游旺季的价格怎么样?

→ _____

3 小雨为什么觉得值得?

→ _____

4 娜娜国庆节过得怎么样?

→ _____

② 다음 질문에 자유롭게 답하세요.

1 你喜欢跟团旅游还是自助游?

→ _____

2 你去过的地方，有像"世外桃源"的吗?

→ _____

맛있는 이야기

1 문맥에 맞게 빈칸을 채우고, 문장을 해석하세요.

五一黄金周

　　今年五一黄金周我跟❶_____，与其在家里呆着，不如
❷_____。所以我们参加了❸_____贵一倍的旅行团，高高兴
兴地开始了我们的❹_____。

　　一到❺_____，我的天啊！知道中国人多，可❻_____这
么多。大家说着各地的方言。唉！真不知道是来❼_____还是来看
人的。❽_____，既然已经来了，当然得❾_____，不然
❿_____飞机票。可是⓫_____把我们累得要死。

　　到了吃午饭时间，我们终于可以⓬_____了。但是我们吃饭
的时候，旁边一直有人等着⓭_____，还一直看着我们吃，没办
法，只好快点儿吃完⓮_____。唉！怪不得是"黄金周"啊！我再也不
想⓯_____了，还是在家好。

❷ 다음 문장을 중국어로 쓰세요.

1 집에 있느니 차라리 여행하기로 했습니다. (与其)

_____

2 중국인이 많다는 것을 알았지만 이렇게 많을 줄 정말 생각지도 못했습니다. (没想到)

_____

3 정말 풍경을 보러 온 건지, 사람을 보러 온 건지 모를 정도였습니다. (从……起)

_____

4 그런데 이리저리 밀치락달치락해서 힘들어서 죽을 지경이었습니다. (挤)

_____

5 점심 시간이 되자, 우리는 마침내 좀 쉴 수 있었습니다. (终于)

_____

6 하는 수 없이 빨리 먹고 떠날 수밖에 없었습니다. (没办法)

_____

7 나는 다시는 같이 모여 떠들썩하게 놀지 않고, 집에 있는 게 낫겠다고 생각했습니다.
(凑热闹)

_____

❶ 다음 문장을 바르게 고치세요.

1 我们见面难得，当然要多聊一会儿。

→ _____

2 与其等他开口，没有你直接问他。

→ _____

3 幸好你开车来，要是我得叫出租车了。

→ _____

4 我结果在两个月内完成了论文。

→ _____

❷ 밑줄 친 부분을 어순에 맞게 배열하여 완전한 문장을 만드세요.

1 网上购物很方便，商店里 / 而且 / 一半 / 比 / 便宜

→ _____

2 如果你想取消，两周 / 我们 / 提前 / 请 / 通知

→ _____

3 跟我一起去吧，这张 / 可惜 / 了 / 不然 / 打折券

→ _____

4 他太让我伤心了，见到 / 我 / 再也 / 了 / 他 / 不想

→ _____

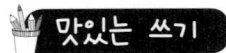

❖ 다음 글을 중국어로 쓰세요.

> 다음 주부터 노동절 연휴가 곧 시작된다. 선생님 말씀을 들어 보니, 시안(西安)의 병마용이 볼 만하다(值得)고 한다. 그래서 나는 반 학우들과 이번 노동절 연휴를 이용해(趁) 시안으로 여행을 가기로 결정했다(决定). 다음 주에 여행 갈 생각을 하니 매우 설렌다.

참고단어 兵马俑 Bīngmǎyǒng 병마용 | 激动 jīdòng 설레다

8과

职场生活
직장 생활

날짜 _____   확인 _____

맛있는 단어

1 다음 빈칸을 알맞게 채우세요.

중국어	뜻	중국어	뜻
❶	간절히 원하다	❻	직장
❷	불경기(이다)	❼	우수하다
投简历	❸	屈指可数	❽
❹	마음이 급하다	❾	교활한 인간
❺	느리다	❿	공로

2 다음 보기에서 빈칸에 들어갈 알맞은 단어를 고르세요.

보기   凭   不甘心   确实   算

1 就_____他这几句话，我不能相信。

2 我仔细想了想，这件事_____是我对不起你。

3 我_____就这么输给他了。

4 大家别客气，今天吃的喝的都_____我的。

3 녹음 내용을 듣고 받아쓰기하세요. 🎧 08

1 _____

2 _____

3 _____

4 _____

맛있는 회화

❶ 빈칸에 유의하여 중국어로 말하세요.

小雨 这么热的天，你急急忙忙从哪儿回来啊？

娜娜 我刚❶＿＿＿＿＿＿＿＿＿＿＿＿＿＿＿，

休息休息，下午还有一个呢。

小雨 你最近不停地参加招聘会，一个接着一个，

❷＿＿＿＿＿＿＿＿＿＿＿＿＿＿＿。

娜娜 我也❸＿＿＿＿＿＿＿＿＿＿＿＿，

可是最近经济不景气，工作不好找啊。

今天我往一些大公司投了简历，不过我觉得凭我的学历❹＿＿＿＿＿＿＿＿＿＿＿。

小雨 ❺＿＿＿＿＿＿＿＿＿＿＿＿，为什么不试试一些小公司呢？

娜娜 我觉得从小学到大学十几年，换来的❻＿＿＿＿＿＿＿＿＿＿＿＿＿，

有点儿不甘心。

小雨 你不要太心急，❼＿＿＿＿＿＿＿＿＿＿＿＿＿，

再慢慢找更好的机会也不迟。

娜娜 ❽＿＿＿＿＿＿＿＿＿＿＿＿＿＿，我下午投一些小公司看看。

❷ 밑줄 친 한국어를 중국어로 말하세요.

小雨 ❶이렇게 더운 날씨에 너는 급히 어디서 오는 길이니?

娜娜 我刚参加完一个招聘会，休息休息，下午还有一个呢。

小雨 你最近不停地参加招聘会，

❷한번 가고 또 이어서 가고, 정말 시합에 참가하는 것 같구나.

娜娜 我也巴不得不参加，

❸하지만 요즘 불경기에다가 취업도 잘 안 되잖아.

今天我往一些大公司投了简历，❹내 생각에는 내 학력으로는 별 희망이 없어.

小雨 你眼光太高了，❺왜 작은 회사에는 한번 도전해 보지 않니?

娜娜 我觉得从小学到大学十几年，

❻돌아오는 것은 이런 결과라서 좀 달갑지 않아.

小雨 你不要太心急，先从小公司做起，

❼그리고 천천히 더 좋은 기회를 찾아도 늦지 않아.

娜娜 你说的也有道理，我下午投一些小公司看看。

1 회화 내용에 근거하여 다음 질문에 중국어로 답하세요.

1 娜娜最近在干什么?

→ _____

2 为什么工作不好找?

→ _____

3 娜娜觉得去大公司有希望吗?

→ _____

4 娜娜为什么不试试小公司?

→ _____

2 다음 질문에 자유롭게 답하세요.

1 除了招聘会,还有什么方法找工作?

→ _____

2 你愿意去小公司工作吗?

→ _____

1 문맥에 맞게 빈칸을 채우고, 문장을 해석하세요.

职场新人的烦恼

我去年夏天❶_____一所名牌大学。我上大学的时候在各方面都

❷_____，所以我❸_____的时候，很容易就找到了。我的这份工

作是❹_____当中最好的，大家都很❺_____，可是他们不知

道我其实❻_____。

我们公司在国内确实是一家❼_____的大企业，而且工资

❽_____。但是，我的上司们都是❾_____，不但把他们的工作都

❿_____，而且他们把我的功劳都⓫_____的，更让

我生气的是我帮他们⓬_____的时候，他们却在玩儿电脑游戏、上网。

我本来想把这些情况告诉⓭_____，可是我很担心领导以为

我的⓮_____不好，一直不敢⓯_____。我怎么办才好呢？

❷ 다음 문장을 중국어로 쓰세요.

1 나는 작년 여름에 명문 대학을 졸업했습니다. (于)

_____

2 나의 이 직업은 모든 학우들 중에서 제일 좋았습니다. (当中)

_____

3 모두 다 부러워했으나, 그들은 내가 사실은 얼마나 힘든지 모릅니다. (其实)

_____

4 우리 회사는 국내에서 확실히 손꼽히는 대기업입니다. (确实)

_____

5 그러나 나의 상사들은 모두 늙은 여우입니다. (老油条)

_____

6 그들은 나의 공로를 모두 자신들의 것으로 만들었습니다. (算)

_____

7 그러나 나는 나의 인간관계가 좋지 않다고 생각할까 봐 걱정돼서 줄곧 말하지 못하고 있습니다. (不敢)

_____

_____

맛있는 어법

① 다음 문장을 바르게 고치세요.

1 从今天，我决定每天早起三十分钟。

→ _____

2 北京位在中国的北方。

→ _____

3 这个消息还不的确，别告诉别人。

→ _____

4 孩子从来就应该听父母的话。

→ _____

② 밑줄 친 부분을 어순에 맞게 배열하여 완전한 문장을 만드세요.

1 公司停电？ 太好了! 明天 / 休息 / 巴不得 / 呢 / 在家 / 我

→ _____

2 先让他睡吧，告诉 / 不迟 / 明天 / 他 / 再 / 也

→ _____

3 他太过分了! 责任 / 我身上 / 都 / 把 / 推到

→ _____

4 她肯定会哭的，实话 / 我 / 跟 / 不敢 / 她 / 说

→ _____

❖ 다음 글을 중국어로 쓰세요.

> 중국 선생님 말씀을 들어 보니, 발 마사지(足疗)를 하면 건강(健康)에 도움이 된다고 한다. 그래서 나도 한번 시도해 보았다. 발이 조금 아프기는 아팠지만, 느낌이 아주 개운했다(爽). 보통(一般) 중국인들은 모두 발 마사지를 좋아하는 듯한데, 이제야 왜 그런지 알겠다. 발 마사지는 정말 좋다!

消费生活

소비 생활

날짜 _____ 확인 _____

맛있는 단어

❶ 다음 빈칸을 알맞게 채우세요.

중국어	뜻	중국어	뜻
❶	판매하다	❻	사기를 당하다
❷	줍다	❼	하물며
一模一样	❸	购买	❽
❹	뜻밖에, 의외로	❾	지나다, 거치다
❺	반품하다	❿	즉시

❷ 다음 보기에서 빈칸에 들어갈 알맞은 단어를 고르세요.

보기   款   随时   亲自   承诺

1 有什么需要，请_____跟我们联系。

2 这份文件很重要，还是你_____交给他吧。

3 新_____上市，本店所有商品打八折。

4 如果做不到，就不要随便_____别人。

❸ 녹음 내용을 듣고 받아쓰기하세요. 🎧 09

1 _____

2 _____

3 _____

4 _____

맛있는 회화

1 빈칸에 유의하여 중국어로 말하세요.

小林　快看，我❶＿＿＿＿＿＿＿＿＿＿＿＿＿，

才300多块。

阿美　专卖店里卖一千多块呢，

❷＿＿＿＿＿＿＿＿＿＿＿吧？

小林　我仔细看过，

❸＿＿＿＿＿＿＿＿＿＿＿＿＿。

老板说他们是打折销售，所以便宜。

如果有问题，❹＿＿＿＿＿＿＿＿＿＿。

阿美　那你可❺＿＿＿＿＿＿＿＿＿了。

（一个星期以后）

阿美　怎么没穿你的耐克鞋呢?

小林　别提了，昨天突然下大雨，❻＿＿＿＿＿＿＿＿＿＿＿＿。

我去退货，谁知道那家店❼＿＿＿＿＿＿＿＿＿＿了。

阿美　❽＿＿＿＿＿＿＿＿＿＿＿＿，下次还是去专卖店买吧。

❷ 밑줄 친 한국어를 중국어로 말하세요.

小林 快看，❶내가 새로 산 이 나이키 신발, 겨우 300위안 조금 넘는다고.

阿美 专卖店里卖一千多块呢，这鞋该不会是假的吧？

小林 ❷내가 자세히 봤어, 전문 매장의 것과 완전히 똑같아.

老板说他们是打折销售，所以便宜。

❸만약에 문제가 있으면, 언제든지 교환해도 된대.

阿美 ❹그럼, 너 정말 싼 물건을 건진 거네.

（一个星期以后）

阿美 怎么没穿你的耐克鞋呢？

小林 别提了，❺어제 갑자기 큰비가 내려서, 그 신발은 놀랍게도 색이 바랬어.

我去退货，❻그 가게가 벌써 음식점으로 바뀐 줄 누가 알았겠어.

阿美 真是便宜没好货，

❼다음 번에 아무래도 전문 매장에 가는 게 낫겠다.

❶ 회화 내용에 근거하여 다음 질문에 중국어로 답하세요.

1 小林新买的耐克鞋多少钱?

→ _____

2 老板为什么卖得这么便宜?

→ _____

3 下雨天小林的耐克鞋怎么了?

→ _____

4 小林为什么没把鞋退了?

→ _____

❷ 다음 질문에 자유롭게 답하세요.

1 你同意"便宜没好货"的说法吗?

→ _____

2 你有没有"捡到大便宜"的经历?

→ _____

1 문맥에 맞게 빈칸을 채우고, 문장을 해석하세요.

我的上当记

> 　　我从来❶_____网上购物，觉得亲自去商场买东西都有
> ❷_____，何况网络这个❸_____呢。
>
> 　　可是有一天当我上网❹_____时，不小心❺_____一个
> 跳出的小广告，是一个购物网站。网站上的商品❻_____，看起来
> 还不错。结果，这一进去就❼_____了。网站上正好有我想买的
> "香奈尔"香水，❽_____，我发现比百货商店里卖的
> ❾_____。我立刻用信用卡❿_____一瓶香奈尔香水，卖家承
> 诺⓫_____发货，可是谁知道⓬_____过去了，也没见到
> 商品，连卖家也⓭_____了。原来这个网站是假的，我的手里只剩
> 下⓮_____，真想⓯_____。

❷ 다음 문장을 중국어로 쓰세요.

1 나는 여태껏 인터넷 쇼핑을 믿지 않았습니다. (从来)

_____

2 조심하지 않는 바람에 반짝이는 작은 광고를 클릭하게 되었습니다. (点击)

_____

3 사이트 안에는 갖가지 상품이 가득했고, 꽤 괜찮았습니다. (琳琅满目)

_____

4 결국 이렇게 들어가서 나오지 못하고 말았습니다. (结果)

_____

5 비교해 보고 나서, 백화점에서 파는 것보다 훨씬 싸다는 것을 발견했습니다. (经过)

_____

6 일주일이 지나도 물건을 보지 못했고, 판매자도 연락이 되지 않았습니다. (联系)

_____

_____

7 나의 손에는 영수증 한 장만 남았습니다. (剩下)

_____

1 다음 문장을 바르게 고치세요.

1 这也太便宜了，只有才一百块。

→ _____

2 今晚就走？行李还没整理呢，何必车票也没订呢。

→ _____

3 每当我开始工作时，他还在上高中呢。

→ _____

4 通过这次失败，他成长了不少。

→ _____

2 밑줄 친 부분을 어순에 맞게 배열하여 완전한 문장을 만드세요.

1 你也太不小心了，手机 / 把 / 了 / 刚买的 / 居然 / 丢

→ _____

2 有了这台机器，品尝 / 你 / 随时 / 咖啡 / 可以 / 美味的

→ _____

3 这儿的路你不熟，你 / 过去 / 亲自 / 我 / 吧 / 带

→ _____

4 请不要担心，一周 / 一定 / 结果 / 之内 / 出来

→ _____

❖ 다음 글을 중국어로 쓰세요.

> 　　오늘은 샤오왕(小王)의 생일이다. 나와 학우 몇 명은 저녁에 맥도날드(麦当劳)에서 샤오왕의 생일을 축하해 주기로 약속했다(跟……约好). 오후에 나는 우리 반 학우인 밍밍(明明)을 우연히 만났다. 밍밍은 나한테 "오늘 밤에 나도 가도 될까?"라고 물었다. 나는 "오려면 와(A就A吧), 사람이 많으면 많을수록 좋지"라고 대답했다.

참고단어　庆祝 qìngzhù 축하하다 | 回答 huídá 대답하다

男女平等
남녀 평등

날짜 _____ 확인 _____

맛있는 단어

1 다음 빈칸을 알맞게 채우세요.

중국어	뜻	중국어	뜻
❶	(시기가) 좋지 않다	❻	선량하다
❷	평등하다	❼	심지어
妻管严	❸	野蛮	❽
❹	분담하다	❾	~로 여기다
❺	여장부	❿	아량이 넓다

2 다음 보기에서 빈칸에 들어갈 알맞은 단어를 고르세요.

보기   轮   说了算   形成   忍受

1 这么多年她一直_____着丈夫的坏脾气。

2 排了这么久了，怎么还没_____到我啊？

3 我都听你的，还是你_____吧。

4 我们的想法慢慢儿_____了具体的计划。

3 녹음 내용을 듣고 받아쓰기하세요. 🔊 10

1 _____

2 _____

3 _____

4 _____

1 빈칸에 유의하여 중국어로 말하세요.

娜娜 今天下班早，又是周末，

我们❶＿＿＿＿＿＿＿＿＿＿＿＿＿？

小林 真不巧，❷＿＿＿＿＿＿＿＿＿＿＿＿＿。

娜娜 做饭？ 以前你可是从来不进厨房的，

怎么结婚后却❸＿＿＿＿＿＿＿＿＿＿？

小林 没办法，你知道的，我太太也上班，

现在不是"男女平等"吗？

❹＿＿＿＿＿＿＿＿＿＿＿＿＿。

娜娜 你太太在公司里的职位比你还高，可真是个女强人！

那❺＿＿＿＿＿＿＿＿＿＿＿＿？

小林 这个嘛，在公司里她领导我，❻＿＿＿＿＿＿＿＿＿＿＿＿＿。

娜娜 哎呀，❼＿＿＿＿＿＿＿＿＿＿了。

小林 ❽＿＿＿＿＿＿＿＿＿＿＿＿，你没结婚，不懂这有多甜蜜。

❷ 밑줄 친 한국어를 중국어로 말하세요.

(娜娜) 今天下班早，又是周末，

❶우리 한 잔 하러 가는 게 어때?

(小林) ❷정말 하필이면, 오늘 내가 집에 가서 밥할 차례야.

(娜娜) 做饭？❸이전엔 넌 주방에 들어가지 않았잖아.

怎么结婚后却开始做起饭来了？

(小林) 没办法，你知道的，我太太也上班，

❹지금은 남녀 평등의 시대가 아니니? 그래서 우리는 가사를 분담하거든.

(娜娜) ❺너희 와이프가 회사에서는 너보다 직위가 더 높지,

可真是个女强人！那在家里你们谁听谁的？

(小林) 这个嘛，❻회사에서는 그녀가 날 지도하고, 집에서도 그녀가 결정을 해.

(娜娜) 哎呀，你都成"妻管严"了。

(小林) 怕老婆就是爱老婆，

❼넌 결혼을 안 했으니, 이게 얼마나 달콤한 일인지 모르는 거야.

1 회화 내용에 근거하여 다음 질문에 중국어로 답하세요.

　1　小林为什么不能去喝一杯?

　　　→ _____

　2　结婚以前小林做饭吗?

　　　→ _____

　3　为什么小林和太太家务分工?

　　　→ _____

　4　在家里小林和太太谁听谁的?

　　　→ _____

2 다음 질문에 자유롭게 답하세요.

　1　如果你结婚了, 家务怎么分工?

　　　→ _____

　2　在你家里, 父母之间谁听谁的?

　　　→ _____

1 문맥에 맞게 빈칸을 채우고, 문장을 해석하세요.

我的野蛮女友

> 　　我有一个女朋友，她叫丽丽，我的朋友们一听❶＿＿＿＿＿＿＿就说
> "她一定是一个又美丽❷＿＿＿＿＿的女孩儿"。其实我觉得她❸＿＿＿＿＿，
> 而且有时候会变成一个女战士，❹＿＿＿＿＿＿＿，踹我，甚至有一天
> 把❺＿＿＿＿＿都打断了，真❻＿＿＿＿＿。就像韩国电影《我的
> ❼＿＿＿＿＿》中的全智贤一样。
>
> 　　可是我还是❽＿＿＿＿＿的，因为她家只有❾＿＿＿＿＿，没有
> 儿子，她父母生了她以后，就把她❿＿＿＿＿＿＿，让她从小就练
> ⓫＿＿＿＿＿，所以她慢慢形成了像⓬＿＿＿＿＿一样的性格。虽然我
> 很有可能成为"⓭＿＿＿＿＿"，可是那也不错，因为⓮＿＿＿＿＿像
> 大海一样宽阔，能忍受⓯＿＿＿＿＿。

❷ 다음 문장을 중국어로 쓰세요.

1 그녀는 분명 아름답고 착한 여자일 거예요. (一定)

_____

2 사실 내 생각에 그녀는 결코 부드럽지 않습니다. (其实)

_____

3 심지어 어떤 날은 내 팔을 부러뜨리기도 해서 정말 견딜 수 없었습니다. (甚至)

_____

4 그녀 부모님이 그녀를 낳은 후로 그녀를 아들로 여겼습니다. (当做)

_____

5 그녀는 점차 남자아이 같은 성격을 갖게 된 것입니다. (形成)

_____

6 비록 나는 공처가가 될 가능성이 아주 크지만, 그것도 괜찮습니다. (妻管严)

_____

7 나의 마음은 바다같이 넓습니다. (宽阔)

_____

맛있는 어법

❶ 다음 문장을 바르게 고치세요.

1 虽然下这么大雨，可却他还是来了。

→ _____

2 我觉得他并喜欢学外语。

→ _____

3 他说他不但爱我，为我可以放弃一切。

→ _____

4 别把自己做客人，随便一点儿。

→ _____

❷ 밑줄 친 부분을 어순에 맞게 배열하여 완전한 문장을 만드세요.

1 你们别等我了，吃 / 就 / 菜 / 起来 / 上来 / 先 / 吧

→ _____

2 你还太小，辛苦 / 有 / 人生 / 不懂 / 多

→ _____

3 我要跟他分手，受不了 / 真 / 他的 / 让 / 脾气 / 人

→ _____

4 你太夸奖了，没 / 其实 / 我 / 优秀 / 并 / 那么

→ _____

맛있는 쓰기

❖ 다음 글을 중국어로 쓰세요.

> 5일간의 기말고사(期末考试)가 시작되었다. 나는 그다지 도서관에 가고 싶지 않아서, 줄곧 커피숍에 틀어박혀 있었다(泡在……里). 지난번 시험을 망쳐서 이번에도 시험을 잘 못 보면, 내가 어떻게 부모님을 뵐 낯이 있을까(对得起)? 이 고통스러운 5일이 빨리 지나갔으면 좋겠다.

참고단어 考砸 kǎozá 시험을 망치다 | 痛苦 tòngkǔ 고통스럽다

(원고지)

정답

정답

1과 家庭环境 가정 환경

맛있는 단어

❶ ① 代沟   ② 老脑筋   ③ 적어도   ④ 顺眼   ⑤ 算了   ⑥ 去世   ⑦ 故意   ⑧ 원망하다   ⑨ 乖   ⑩ 原谅

❷ ① 不在乎   ② 交往   ③ 不懂事   ④ 嘲笑

❸ ① 我还没来得及告诉您呢。   ② 现在都这样, 您真是老脑筋。
　　③ 你爱怎么样就怎么样吧。   ④ 听到这句话, 我忍不住哭了。

맛있는 회화

❶ ① 瘦得都皮包骨头了   ② 还没来得及告诉您呢
　　③ 你起码换了三个女朋友了   ④ 您真是老脑筋
　　⑤ 才不在乎别人怎么看   ⑥ 顺眼就交往下去
　　⑦ 看来真是有代沟啊   ⑧ 你爱怎么样就怎么样吧

❷ ① 这照片上她瘦得都皮包骨头了。   ② 我还没来得及告诉您呢,
　　③ 今年你起码换了三个女朋友了吧?   ④ 现在都这样, 您真是老脑筋,
　　⑤ 那这次总该定下来了吧?   ⑥ 要是顺眼就交往下去, 不好就再换。
　　⑦ 你爱怎么样就怎么样吧。

맛있는 회화 트레이닝

❶ ① 照片上是小雨的新女朋友娜娜。   ② 因为小雨今年起码换了三个女朋友了。
　　③ 没有, 要是顺眼就交往下去, 不好就再换。   ④ 因为妈妈觉得有代沟, 管不了了。

❷ [참고 답안]
　　① 我跟父母在消费问题上有代沟。
　　② 我觉得常跟父母聊天, 说出自己的看法, 能解决代沟问题。

맛있는 이야기

❶ ① 母亲节   ② 感谢   ③ 为了养活   ④ 一直嘲笑   ⑤ 进教室   ⑥ 有臭味儿
　　⑦ 反正   ⑧ 埋怨您   ⑨ 再也不去市场   ⑩ 不懂事   ⑪ 以为   ⑫ 乖
　　⑬ 忍不住哭   ⑭ 原谅   ⑮ 敬上

❷ ① 妈妈为了养活我和弟弟, 开始在市场上卖鱼。
　　② 反正我心里就开始埋怨您了。
　　③ 所以我从那天起再也不去市场, 开始故意不听妈妈的话, 也不跟妈妈说话。
　　④ 唉! 当时我真不懂事。
　　⑤ 有一天晚上, 妈妈以为我睡着了, 就摸着我的脸说:"乖孩子, 妈妈很爱你。"
　　⑥ 听到这句话, 我忍不住哭了。
　　⑦ 妈妈, 请您原谅不懂事的我。

❶ ① 大学生起码会说英语。　② 时间还早，你现在去还来得及。
　③ 他的汉语很好，我以为他是中国人。　④ 反正明天不用去学校，我帮妈妈在家打扫。

❷ ① 他很受女孩子的欢迎，今年起码交往了五个女朋友了。
　② 她找男朋友的要求不高，只要对方顺眼就行了。
　③ 妻子不工作，丈夫一个人赚钱养活全家。
　④ 我常常做错事，但是父母一直都很包容我。

맛있는 쓰기

		从	这	个	星	期	开	始	学	英	语	了	。	每	隔	两	天	去	一
次	补	习	班	。	一	个	人	去	，	其	实	有	点	儿	害	怕	，	刚	好
我	的	朋	友	小	民	也	要	学	英	语	，	所	以	我	们	俩	决	定	一
起	去	。	我	们	不	但	在	补	习	班	学	习	，	而	且	还	去	图	书
馆	复	习	。	学	英	语	很	难	，	可	是	真	有	意	思	。			

2과　中国人的文化习惯 중국인의 문화 습관

맛있는 단어

❶ ① 脸色　② 好不容易　③ 간단한 식사　④ 不得了　⑤ 敬酒　⑥ 绝对　⑦ 格外　⑧ 여전히　⑨ 何必　⑩ 理解

❷ ① 仔细　② 根本　③ 不敢　④ 效率

❸ ① 这下你可以大饱口福了。　② 我只好硬着头皮喝了。
　③ 能喝也得喝，不能喝也得喝。　④ 中国人格外讲究 "细嚼慢咽"。

맛있는 회화

❶ ① 怎么这么难看　② 好不容易才醒过来
　③ 他们说请我吃顿便饭　④ 可以大饱口福了
　⑤ 他们不停地敬酒　⑥ 硬着头皮喝了
　⑦ 不能喝也得喝　⑧ 不敢和中国人喝酒

❷ ① 你的脸色怎么这么难看？　② 昨天晚上喝醉了，好不容易才醒过来，
　③ 你昨晚不是跟中国客户开会了吗？　④ 他们说请我吃顿便饭。
　⑤ 这下你可以大饱口福了。　⑥ 我不喝，他们就不高兴，我只好硬着头皮喝了。
　⑦ 下次我再也不敢和中国人喝酒了。

맛있는 회화 트레이닝

❶ ① 因为昨天晚上喝醉了。　② 小民跟中国客户一起去吃饭了。
　③ 因为中国客户不停地敬酒。小民只好硬着头皮喝。　④ 因为中国人的酒桌上，能喝也得喝，不能喝也得喝。

❷ [참고 답안]

① 我的酒量不太大，大概一瓶烧酒。

② 我觉得应该考虑那些不太会喝酒的人，减少敬酒的次数。

📖 맛있는 이야기

❶ ① 慢慢儿地　　② 绝对不会　　③ 请慢走　　④ 没有礼貌　　⑤ 在赶他走　　⑥ 日常生活
⑦ 格外讲究　　⑧ 情况糟糕　　⑨ 特别多　　⑩ 不着急　　⑪ 慢慢儿来　　⑫ 更仔细
⑬ 火烧眉毛　　⑭ 讲究效率　　⑮ 难理解的

❷ ① 在中国你常常会听见"慢慢儿地"这个词。

② 送客的时候主人绝对不会说"快走"，一定会跟你说"请慢走"。

③ 吃饭的时候，中国人格外讲究"细嚼慢咽"。

④ 情况糟糕的时候，中国人会说"慢慢儿会好的"。

⑤ 他们认为这样会做得更仔细，更好。

⑥ 除非是火烧眉毛，否则中国人是不会着急的。

⑦ 但是在讲究效率的现代社会里，这种态度是韩国人非常难理解的。

📖 맛있는 어법

❶ ① 教了他三遍，他终于明白过来了。　　② 下班时间公共汽车里挤满了人。

③ 他以前喜欢看书，现在仍然喜欢看书。　　④ 他只是个孩子，你何必生气呢?

❷ ① 这次面试非常重要，他这几天准备得格外认真。

② 请相信我，这件事绝对跟我没有关系。

③ 他一见到老师，就紧张得不得了。

④ 最近我手头紧，只好硬着头皮向朋友借钱。

📝 맛있는 쓰기

		手	机	响	了	，	朋	友	发	了	个	短	信	问	我	，	"	这	个
周	末	有	空	吗	？	一	起	去	看	电	影	，	怎	么	样	?"	我	在	中
国	一	次	也	没	去	过	电	影	院	，	当	然	答	应	了	。	我	特	别
兴	奋	，	也	产	生	了	好	奇	心	。	希	望	周	末	早	点	儿	到	来	。

3과　健康生活 건강 생활

🚂 맛있는 단어

❶ ① 压力　② 失眠　③ 심각하다　④ 大人　⑤ 没想到　⑥ 梦想　⑦ 不管　⑧ 견지하다　⑨ 杂志　⑩ 拉肚子

❷ ① 拥有　② 早出晚归　③ 受不了　④ 到处

❸ ① 吃不好，睡不好，而且不想学习。　　② 没想到孩子们的学习压力也不小。

③ 早出晚归的，比我们上班的人还要忙。　　④ 弄得人不像人，鬼不像鬼。

①
① 她又陪孩子去
③ 情况这么严重啊
⑤ 只有我们大人
⑦ 小时候可不一样

② 那孩子最近总是失眠
④ 会越来越严重的
⑥ 孩子们的学习压力
⑧ 比我们上班的人还要忙

②
① 她又陪孩子去看心理医生了。
③ 听说那孩子最近总是失眠,
⑤ 我以为只有我们大人才会有压力,
⑦ 比我们上班的人还要忙。

② 她儿子才几岁, 就要看心理医生?
④ 要是不进行治疗, 会越来越严重的。
⑥ 现在的孩子跟我们小时候可不一样,

맛있는 회화 트레이닝

① ① 因为她陪儿子去看心理医生了。 ② 她的孩子最近总是失眠, 吃不好, 睡不好。
③ 医生觉得要是不治疗, 会越来越严重的。 ④ 现在的孩子每天早出晚归的, 比上班的人还要忙。

② [참고 답안]
① 上高中的时候, 因为要考大学, 所以学习压力比较大。
② 我常常一个人出去一边散步, 一边听音乐。

맛있는 이야기

①
① 能拥有　　② 电视上的　　③ 杂志上的　　④ 试过了　　⑤ 水果餐　　⑥ 受不了
⑦ 运动减肥　　⑧ 没能坚持　　⑨ 比较方便　　⑩ 人不像人　　⑪ 鬼不像鬼　　⑫ 减来减去
⑬ 没怎么瘦　　⑭ 就差没做　　⑮ 以胖为美

②
① 我梦想着能拥有模特儿那样的身材。
② 所以不管是电视上的还是杂志上的减肥方法, 我都试过了。
③ 吃了几天, 实在是受不了。
④ 每天运动太累了, 也没能坚持多长时间。
⑤ 结果都是拉了几天肚子以后, 弄得人不像人, 鬼不像鬼。
⑥ 这样减来减去, 不但没怎么瘦, 还得了胃病。
⑦ 真希望以胖为美的时代快点儿到来。

맛있는 어법

① ① 只有坚持到底, 才能胜利。 ② 谁把窗户弄坏了?
③ 不管是刮风还是下雨, 大家都要来。 ④ 她这种态度, 你怎么受得了?

② ① 真让人吃惊, 没想到他进步得这么快。
② 这个小区都是有钱人, 到处都停着进口车。
③ 我还记得小时候, 我的梦想是成为一名歌手。
④ 别人都到了, 就差他一个人还没来。

정답

맛있는 쓰기

		我	打	算	鼓	动	朋	友	们	周	末	去	爬	山	。	其	实	到	了
周	末	,	我	也	想	休	息	,	不	想	出	门	。	可	是	听	说	爬	山
既	能	锻	炼	身	体	,	又	能	对	美	容	有	帮	助	。	我	也	想	试
试	,	但	又	不	想	一	个	人	去	,	所	以	找	朋	友	一	起	去	。

4과   结婚生活 결혼 생활

맛있는 단어

❶ ① 大餐 ② 厨艺 ③ 착실하다 ④ 羡慕 ⑤ 包围 ⑥ 派 ⑦ 出差 ⑧ 신고하다 ⑨ 幸亏 ⑩ 小金库

❷ ① 浪漫 ② 算账 ③ 露一手 ④ 乱七八糟

❸ ① 谈恋爱的时候都很浪漫的。　　　　　② 结了婚, 过日子就得脚踏实地。
　 ③ 婚姻真是爱情的坟墓。　　　　　　　④ 你现在真是个贤妻良母了。

맛있는 회화

❶ ① 又要做什么大餐　　　　　　　　　② 让她看看我的厨艺
　 ③ 我们都特别羡慕你　　　　　　　　④ 柴米油盐包围
　 ⑤ 浪漫不能当饭吃　　　　　　　　　⑥ 真是爱情的坟墓
　 ⑦ 婚姻是爱情的结晶　　　　　　　　⑧ 世界上最幸福的事

❷ ① 今晚又要做什么大餐?　　　　　　　② 我得露一手, 让她看看我的厨艺。
　 ③ 可是看看你现在的生活, 已经被柴米油盐包围了。　④ 结了婚, 过日子就得脚踏实地。
　 ⑤ 哎, 婚姻真是爱情的坟墓。　　　　⑥ 在一起生活是世界上最幸福的事。
　 ⑦ 你现在真是个 "贤妻良母" 了。

맛있는 회화 트레이닝

❶ ① 因为今天她婆婆来她家吃饭。　　　② 结婚以后被柴米油盐包围了。
　 ③ 他觉得婚姻是爱情的坟墓。　　　　④ 和心爱的人在一起生活。

❷ [참고 답안]
　 ① 我觉得爱情是婚姻的结晶。
　 ② 照顾好丈夫, 教育好孩子的女人, 就是贤妻良母。

맛있는 이야기

❶ ① 上海出差　　② 不好了　　③ 小偷偷了　　④ 丢东西　　⑤ 乱七八糟　　⑥ 衣柜里
　 ⑦ 据他们说　　⑧ 抓住了　　⑨ 一口气　　⑩ 拿起电话　　⑪ 我急了　　⑫ 发给我的
　 ⑬ 说清楚　　⑭ 小金库　　⑮ 跟你算账

❷ ① 公司派我去上海出差。

② 老公，不好了。今天我们家被小偷偷了。

③ 家里乱七八糟的，衣柜里的一千块钱没了。

④ 据警察说，幸亏那个小偷已经被抓住了。

⑤ 快去看看我们的结婚照，后面有一个信封。

⑥ 你一定要把那些钱跟警察说清楚。

⑦ 不过我应该感谢那个小偷，发现了你的小金库。

맛있는 어법

❶ ① 幸好手机没被人偷走。　　　　　　② 据说，这里原来是个很有名的地方。

③ 你两点一定要把作业写完。　　　　　④ 幸亏你帮我，不然我不知道该怎么办。

❷ ① 他们的婚后生活，还跟谈恋爱时一样浪漫。

② 难得聚在一起，给大家露一手你的厨艺吧。

③ 他升职了，而且被派到海外工作两年。

④ 别着急，你把事情跟我说一下。

맛있는 쓰기

	今	天	是	妈	妈	的	生	日	。	我	们	一	家	人	说	好	一	起
吃	晚	饭	。	妈	妈	很	喜	欢	看	书	，	所	以	我	买	了	一	本	书，
把	它	包	好	后	，	装	在	书	包	里	，	然	后	往	地	铁	站	跑	去。
希	望	妈	妈	喜	欢	这	本	书	。										

5과　虚拟世界 사이버 세계

맛있는 단어

❶ ① 网友　② 失望　③ 풍격, 풍모　④ 风趣　⑤ 想象　⑥ 网站　⑦ 申请　⑧ 웹 서핑하다　⑨ 下载　⑩ 所有

❷ ① 装饰　② 借口　③ 滋味儿　④ 善解人意

❸ ① 他长得让人失望极了。　　　　　　② 聊天的时候他又风趣又善解人意。

③ 想象总是比现实好得多。　　　　　　④ 你就想开点吧。

맛있는 회화

❶ ① 长得让人失望极　　　　　　② 你经常提起的

③ 在QQ上认识他　　　　　　　④ 所以就聊了起来

⑤ 又风趣又善解人意　　　　　　⑥ 他一句话也不说

⑦ 找了个借口先走　　　　　　　⑧ 总是比现实好得多

❷ ① 昨天我去见网友了，可没想到是只"青蛙"，

② 就是你经常提起的"白马王子"？

③ 看这个名字我觉得他一定又帅又有风度, 所以就聊了起来。
④ 你们聊了多久了?
⑤ 聊天的时候他又风趣又善解人意,
⑥ 最后我只好找了个借口先走了。
⑦ 网恋就是"见光死", 你就想开点吧。

맛있는 회화 트레이닝

❶ ① 她昨天去见网友了。 ② 看这个网名, 娜娜觉得他一定又帅又有风度。
③ "白马王子"一句话也不说。 ④ 她只好找了个借口先走了。

❷ [참고 답안]
① 晚上和周末我常常和朋友上网聊天。
② 我觉得如果网恋的对方人品不错的话, 是可能实现的。

맛있는 이야기

❶ ① 离不开 ② 至少要 ③ 活不下去 ④ 尝到了 ⑤ 很流行 ⑥ 想建立
⑦ 申请了 ⑧ 按照提示 ⑨ 拥有了 ⑩ 下载一些 ⑪ 不能动 ⑫ 死机了
⑬ 泡汤了 ⑭ 各种方法 ⑮ 救不活它

❷ ① 我一天至少要花十几个小时跟它呆在一起。
② 但是昨天我就尝到了没有这个朋友的滋味儿。
③ 花了很长时间在网上浏览, 最后我找到了"网易"。
④ 这样我就拥有了一个自己的博客。
⑤ 我下载一张图片的时候, 突然鼠标不能动了。
⑥ 所有的资料都要泡汤了。
⑦ 我想尽各种方法, 最后还是救不活它。

맛있는 어법

❶ ① 今年的价格比去年贵多了。 ② 这个工程一定要按期完成。
③ 家里所有的家具都是他亲手做的。 ④ 我为了赚钱努力工作。

❷ ① 这次面试他通过了, 总算没让父母失望。
② 谁都会有失败的时候, 想开一点儿就没事了。
③ 他迷上了电脑游戏, 每天至少玩五个小时的游戏。
④ 为了救水里的孩子, 他用尽了所有的力气。

맛있는 쓰기

		我	很	喜	欢	吃	汉	堡	包	,	一	个	星	期	至	少	吃	五	次	。
吃	汉	堡	包	,	可	以	节	省	时	间	,	而	且	不	用	洗	碗	。	现	
在	我	离	不	开	汉	堡	包	,	一	闻	到	汉	堡	包	的	味	儿	,	就	
流	口	水	。																	

6과 海外生活 해외 생활

🚃 맛있는 단어

❶ ① 喝闷酒 ② 之间 ③ 기분 전환을 하다 ④ 聚 ⑤ 缺 ⑥ 差异 ⑦ 几乎 ⑧ 체험(하다) ⑨ 勉强 ⑩ 怪不得

❷ ① 设立 ② 要么, 要么 ③ 表情 ④ 至于

❸ ① 我心里烦, 喝酒解闷儿。   ② 我再怎么说, 她也不听。
   ③ 每逢佳节倍思亲。   ④ 怪不得他们表情那么奇怪。

🗨 맛있는 회화

❶ ① 一个人喝闷酒   ② 我心里烦
   ③ 在韩国的女朋友   ④ 要么我们就分手
   ⑤ 一两天就可以解决   ⑥ 就缺我一个
   ⑦ 每逢佳节倍思亲   ⑧ 过了中秋节再说

❷ ① 你怎么一个人喝闷酒啊?   ② 我心里烦, 喝酒解闷儿。
   ③ 她说要么我回国, 要么我们就分手,   ④ 她说要么我回国, 要么我们就分手,
   ⑤ 就缺我一个, 我听了, 心里更难受。   ⑥ 你不要一个人呆着, 到我家去过节吧。
   ⑦ 至于女朋友的问题, 过了中秋节再说吧。

📢 맛있는 회화 트레이닝

❶ ① 今天是中秋节。   ② 小民心里烦, 所以喝酒解闷儿。
   ③ 因为女朋友说要么小民回韩国, 要么就分手。   ④ 小民去娜娜家过中秋节。

❷ [참고 답안]
   ① 我常常跟朋友打电话聊天来解闷儿。
   ② 我觉得文化习惯不同是最难的事儿。

📖 맛있는 이야기

❶ ① 跨国公司 ② 设立了 ③ 人事调动 ④ 被派到 ⑤ 拿我来 ⑥ 刚工作
   ⑦ 当地职员 ⑧ 左撇子 ⑨ 跟他握手 ⑩ 突然变了 ⑪ 勉强地 ⑫ 看外星人
   ⑬ 上洗手间 ⑭ 不用左手 ⑮ 那么奇怪

❷ ① 我们公司在全世界五十多个国家设立了分公司。
   ② 每年十月份我们公司都有人事调动。
   ③ 在那里体验不同的文化。
   ④ 到了新德里机场, 有一个当地职员来接我。
   ⑤ 可是谁知道他脸色突然变了, 很勉强地跟我握了握手。
   ⑥ 他们全家人都像看外星人似的。
   ⑦ 印度人除了上洗手间以外, 是绝对不用左手的。

정답

맛있는 어법

❶ ① 我几乎总是一个人在家。
② 他性格很好，不至于为了点小事跟你生气。
③ 我今天胃口不好，勉强吃了几口饭。
④ 怪不得这么冷，原来昨晚下雪了。

❷ ① 这次会议非常重要，缺了谁都不行。
② 寂寞的时候，听听音乐可以解闷儿。
③ 我求了他好几次，他才勉强同意一起去。
④ 他喝醉了，怪不得怎么叫他也不醒。

맛있는 쓰기

		今	天	是	小	李	的	生	日	。	我	们	为	了	庆	祝	她	的	生
日	买	了	礼	物	，	还	拉	着	她	去	吃	中	国	菜	了	。	可	是	不
知	怎	么	搞	的	，	小	李	开	始	哭	了	，	哭	个	没	完	没	了	。
我	们	都	不	知	道	该	怎	么	办	。									

7과 中国的节日 중국의 명절

맛있는 단어

❶ ① 黄金周　② 晒　③ 인산인해　④ 预约　⑤ 趁　⑥ 与其　⑦ 假期　⑧ 목적지　⑨ 挤　⑩ 位子

❷ ① 可惜　② 简直　③ 提前　④ 凑热闹

❸ ① 还得提前一个月预约。
② 简直像个"世外桃源"。
③ 反正去哪儿都是人山人海。
④ 我再也不想凑什么热闹了。

맛있는 회화

❶ ① 晒得这么黑
③ 比平时贵一倍
⑤ 景色美不美
⑦ 趁这个机会练习了
② 国庆是旅游旺季
④ 和家人一起出去
⑥ 像个"世外桃源"
⑧ 都是人山人海

❷ ① 脸晒得这么黑，
③ 国庆是旅游旺季，价格一定很贵吧？
⑤ 济州岛景色美不美？
⑦ 反正去哪儿都是人山人海，所以就在家里休息了。
② 我们全家人一起去了韩国的济州岛。
④ 不过难得和家人一起出去，我觉得值得。
⑥ 我还趁这个机会练习了学过的韩国语呢。

맛있는 회화 트레이닝

❶ ① 因为小雨和家人去济州岛玩了。
② 价格比平时贵一倍。
③ 因为难得和家人一起出去。
④ 娜娜国庆节在家休息了。

❷ [참고 답안]

① 我喜欢自助旅游，这样行程比较自由。

② 我去过中国的云南，我觉得那里像 "世外桃源"。

📖 **맛있는 이야기**

❶ ① 家人商量　　② 出去旅游　　③ 比平常　　④ 假期旅行　　⑤ 目的地　　⑥ 没想到

⑦ 看风景　　⑧ 没办法　　⑨ 到处看看　　⑩ 可惜了　　⑪ 挤来挤去　　⑫ 休息一下

⑬ 我的位子　　⑭ 离开了　　⑮ 凑什么热闹

❷ ① 与其在家里呆着，不如出去旅游。

② 知道中国人多，可没想到这么多。

③ 真不知道是来看风景还是来看人的。

④ 可是挤来挤去把我们累得要死。

⑤ 到了吃午饭时间，我们终于可以休息一下了。

⑥ 没办法，只好快点儿吃完离开了。

⑦ 我再也不想凑什么热闹了，还是在家好。

📝 **맛있는 어법**

❶ ① 我们难得见面，当然要多聊一会儿。　　② 与其等他开口，不如你直接问他。

③ 幸好你开车来，不然我得叫出租车了。　　④ 我终于在两个月内完成了论文。

❷ ① 网上购物很方便，而且比商店里便宜一半。

② 如果你想取消，请提前两周通知我们。

③ 跟我一起去吧，不然可惜了这张打折券。

④ 他太让我伤心了，我再也不想见到他了。

✏️ **맛있는 쓰기**

		从	下	周	起	，	五	一	黄	金	周	就	要	开	始	了	。	听	老
师	说	，	西	安	的	兵	马	俑	值	得	去	看	看	，	所	以	我	决	定
趁	这	次	五	一	黄	金	周	跟	同	学	们	一	起	去	西	安	旅	游	。
想	想	下	个	星	期	去	旅	游	，	我	特	别	激	动	。				

8과	职场生活 직장 생활

📒 **맛있는 단어**

❶ ① 巴不得　　② 不景气　　③ 이력서를 내다　　④ 心急　　⑤ 迟　　⑥ 职场　　⑦ 优秀　　⑧ 손꼽을 정도이다

⑨ 老油条　　⑩ 功劳

❷ ① 凭　　② 确实　　③ 不甘心　　④ 算

정답

❸ ① 我也巴不得不参加。
③ 这样的结果，有点儿不甘心。

② 最近经济不景气，工作不好找啊。
④ 你说的也有道理。

🗣 맛있는 회화

❶ ① 参加完一个招聘会
③ 巴不得不参加
⑤ 你眼光太高了
⑦ 先从小公司做起

② 简直像参加比赛
④ 没什么希望
⑥ 只是这样的结果
⑧ 你说的也有道理

❷ ① 这么热的天，你急急忙忙从哪儿回来啊?
③ 可是最近经济不景气，工作不好找啊。
⑤ 为什么不试试一些小公司呢?
⑦ 再慢慢找更好的机会也不迟。

② 一个接着一个，简直像参加比赛。
④ 不过我觉得凭我的学历没什么希望。
⑥ 换来的只是这样的结果，有点儿不甘心。

📢 맛있는 회화 트레이닝

❶ ① 她最近不停地参加招聘会。
③ 她觉得凭她的学历没什么希望。

② 因为最近经济不景气。
④ 她觉得从小学到大学十几年，不甘心。

❷ [참고 답안]
① 我们还可以在网站上投简历找工作。
② 我愿意去小公司工作，因为可以积累工作经验，升职机会也大。

📖 맛있는 이야기

❶ ① 毕业于　　② 很优秀　　③ 找工作　　④ 所有同学　　⑤ 羡慕我　　⑥ 很郁闷
⑦ 屈指可数　　⑧ 也不低　　⑨ 老油条　　⑩ 推到我身上　　⑪ 算作自己　　⑫ 写报告
⑬ 部门领导　　⑭ 人际关系　　⑮ 说出来

❷ ① 我去年夏天毕业于一所名牌大学。
② 我的这份工作是所有同学当中最好的。
③ 大家都很羡慕我，可是他们不知道我其实很郁闷。
④ 我们公司在国内确实是一家屈指可数的大企业。
⑤ 但是，我的上司们都是老油条。
⑥ 他们把我的功劳都算作自己的。
⑦ 可是我很担心领导以为我的人际关系不好，一直不敢说出来。

🏛 맛있는 어법

❶ ① 从今天起，我决定每天早起三十分钟。
③ 这个消息还不确实，别告诉别人。

② 北京位于中国的北方。
④ 孩子本来就应该听父母的话。

❷ ① 公司停电? 太好了! 我巴不得明天在家休息呢。
② 先让他睡吧，明天再告诉他也不迟。
③ 他太过分了! 把责任都推到我身上。
④ 她肯定会哭的，我不敢跟她说实话。

		听	中	国	老	师	说	，	做	足	疗	对	健	康	有	好	处	，	所
以	我	也	试	了	一	次	。	脚	有	点	儿	疼	，	可	是	感	觉	很	爽 。
好	像	一	般	中	国	人	都	喜	欢	做	足	疗	，	现	在	才	知	道	为
什	么	。	足	疗	真	好	！												

9과 消费生活 소비 생활

🚌 맛있는 단어

❶ ① 销售　② 捡　③ 완전히 똑같다　④ 居然　⑤ 退货　⑥ 上当　⑦ 何况　⑧ 구입하다　⑨ 经过　⑩ 立刻

❷ ① 随时　② 亲自　③ 款　④ 承诺

❸ ① 如果有问题，随时可以退换。　② 你可真是捡到大便宜了。
　③ 你可真是捡到大便宜了。　④ 我从来不相信网上购物。

🗣️ 맛있는 회화

❶ ① 新买的这款耐克鞋　② 这鞋该不会是假的
　③ 和专卖店里的一模一样　④ 随时可以退换
　⑤ 真是捡到大便宜　⑥ 那双鞋居然掉色
　⑦ 已经变成饭馆儿　⑧ 真是便宜没好货

❷ ① 我新买的这款耐克鞋，才300多块。　② 我仔细看过，和专卖店里的一模一样。
　③ 如果有问题，随时可以退换。　④ 那你可真是捡到大便宜了。
　⑤ 昨天突然下大雨，那双鞋居然掉色。　⑥ 谁知道那家店已经变成饭馆儿了。
　⑦ 下次还是去专卖店买吧。

📢 맛있는 회화 트레이닝

❶ ① 才300多块钱。　② 因为他们是打折销售，所以便宜。
　③ 那双鞋居然掉色了。　④ 因为那家店已经变成饭馆儿了。

❷ [참고 답안]
　① 我同意，便宜的东西质量常常不太好，买了以后会后悔。
　② 我曾经在年末的百货商场打折中以三折买到了我喜欢的名牌钱包。

📖 맛있는 이야기

❶ ① 不相信　② 可能上当　③ 虚拟世界　④ 看新闻　⑤ 点击了　⑥ 琳琅满目
　⑦ 出不来　⑧ 经过比较　⑨ 便宜得多　⑩ 购买了　⑪ 三天之内　⑫ 一个星期
　⑬ 联系不上　⑭ 一张收据　⑮ 大哭一场

❷ ① 我从来不相信网上购物。
　② 不小心点击了一个跳出的小广告。
　③ 网站上的商品琳琅满目，看起来还不错。
　④ 结果，这一进去就出不来了。
　⑤ 经过比较，我发现比百货商店里卖的便宜得多。
　⑥ 一个星期过去了，也没见到商品，连卖家也联系不上了。
　⑦ 我的手里只剩下一张收据。

맛있는 어법

❶ ① 这也太便宜了，才一百块。
　③ 当我开始工作时，他还在上高中呢。
　② 今晚就走? 行李还没整理呢，何况车票也没订呢。
　④ 经过这次失败，他成长了不少。

❷ ① 你也太不小心了，居然把刚买的手机丢了。
　② 有了这台机器，你可以随时品尝美味的咖啡。
　③ 这儿的路你不熟，我亲自带你过去吧。
　④ 请不要担心，结果一周之内一定出来。

맛있는 쓰기

		今	天	是	小	王	的	生	日	。	我	跟	几	个	同	学	约	好	晚
上	在	麦	当	劳	给	小	王	庆	祝	生	日	。	下	午	我	遇	见	我	们
班	同	学	明	明	。	明	明	问	我	:	"	今	天	晚	上	我	也	可	以	去
吗	?"	我	回	答	说	:	"	来	就	来	吧	，	人	越	多	越	好	啊	。"

10과　男女平等 남녀 평등

맛있는 단어

❶ ① 不巧　② 平等　③ 공처가　④ 分工　⑤ 女强人　⑥ 善良　⑦ 甚至　⑧ 야만적이다　⑨ 当做　⑩ 宽阔

❷ ① 忍受　② 轮　③ 说了算　④ 形成

❸ ① 真不巧，今天轮到我回家做饭。
　③ 怕老婆就是爱老婆。
　② 在家里也是她说了算。
　④ 其实我觉得她并不温柔。

맛있는 회화

❶ ① 出去喝一杯怎么样
　③ 开始做起饭来了
　⑤ 在家里你们谁听谁的
　⑦ 你都成 "妻管严"
　② 今天轮到我回家做饭
　④ 所以我们家务分工
　⑥ 在家里也是她说了算
　⑧ 怕老婆就是爱老婆

❷ ① 我们出去喝一杯怎么样?
　② 真不巧，今天轮到我回家做饭。

③ 以前你可是从来不进厨房的,
⑤ 你太太在公司里的职位比你还高,
⑦ 你没结婚,不懂这有多甜蜜。

④ 现在不是 "男女平等" 吗? 所以我们家务分工。
⑥ 在公司里她领导我, 在家里也是她说了算。

❶ ⑴ 因为今天轮到他回家做饭。
⑶ 因为小林和太太都上班。

⑵ 结婚前小林从来不进厨房。
⑷ 在家里小林的太太说了算。

❷ [참고 답안]
⑴ 妻子做饭、整理房间, 丈夫洗碗、打扫地板。
⑵ 在我家里, 我爸爸听我妈妈的话。

❶ ① 她的名字　② 又善良　③ 并不温柔　④ 一直打我　⑤ 我的胳膊　⑥ 受不了
⑦ 野蛮女友　⑧ 理解她　⑨ 四个女儿　⑩ 当做儿子　⑪ 跆拳道　⑫ 男孩儿
⑬ 妻管严　⑭ 我的胸怀　⑮ 她的脾气

❷ ⑴ 她一定是一个又美丽又善良的女孩儿。
⑵ 其实我觉得她并不温柔。
⑶ 甚至有一天把我的胳膊都打断了, 真受不了。
⑷ 她父母生了她以后, 就把她当做儿子。
⑸ 她慢慢形成了像男孩儿一样的性格。
⑹ 虽然我很有可能成为 "妻管严", 可是那也不错。
⑺ 我的胸怀像大海一样宽阔。

❶ ⑴ 虽然下这么大雨, 可他却还是来了。
⑶ 他说他不但爱我, 甚至为我可以放弃一切。

⑵ 我觉得他并不喜欢学外语。
⑷ 别把自己当做客人, 随便一点儿。

❷ ⑴ 你们别等我了, 菜上来就先吃起来吧。
⑵ 你还太小, 不懂人生有多辛苦。
⑶ 我要跟他分手, 他的脾气真让人受不了。
⑷ 你太夸奖了, 其实我并没那么优秀。

		为	期	五	天	的	期	末	考	试	开	始	了	。	我	不	太	想	去
图	书	馆	,	一	直	泡	在	咖	啡	厅	里	了	。	上	次	考	砸	了	,
这	次	又	考	不	好	的	话	,	我	怎	么	对	得	起	父	母	啊	!	希
望	这	痛	苦	的	五	天	快	点	儿	过	去	。							

MEMO